Ellen Fischer

Inspirationen für den Topfgarten

Ellen Fischer

Inspirationen für den Topfgarten

137 Farbfotos

E.U. VERLAG EUGEN ULMER

VORWORT

Das Herz, auch es bedarf des Überflusses,
genug kann nie und nimmermehr genügen.
Conrad Ferdinand Meyer

Vor einigen Jahren erstand ich auf einem Gartenmarkt vier gleich große Buchsbaumpflanzen der gleichen Sorte, schlank, aufrecht, vielversprechend, und pflanzte sie provisorisch in vier gleich große Gefäße aus Kunststoff. Der eine Buchsbaum wanderte in einem Übertopf ans andere sonnige Ende meines kleinen Gartens, der zweite fand einen Platz im Schatten. Nummer drei bekam bald darauf einen Terrakotta-Topf und blieb auf der Terrasse, der vierte schließlich sitzt noch heute mitsamt Container als Mitte in einem großen italienischen Kübel und wird je nach Jahreszeit wechselnd umpflanzt.

Sie entwickelten sich bei gleicher Pflege – soweit man das auch von einem Topf am anderen Ende des Gartens behaupten kann – recht ungleich: Am kümmerlichsten blieb der Sonnentopf; die Buchsbaumsäule ist wenig gewachsen und hat gelbliche Blätter bekommen. Der Schattentopf sieht gut aus; er ist aber von dem Buchs im deutlich größeren Terrassentopf nicht überholt worden. Frisch und grün und zufrieden ist jedoch der Buchsbaum im Kübelgärtchen den anderen vorausgeeilt. Kunststück: hat er doch – eher unbeabsichtigt – von der guten Pflege der Sommerblumen profitiert. So empfindsam also reagieren Pflanzen auf Standort, Gefäß, auf kleine Vernachlässigungen, dass alles, was man darüber schreibt, was man darüber liest, was man erlebt, den Schwankungen alles Lebendigen unterliegt. Erfolg und Enttäuschungen eingeschlossen.

Dieses Buch handelt von der Freude: Es betrachtet den Topf, das Gefäß, seinen Ursprung, seine Entwicklung und seine heutige Gestalt mit gespannter Aufmerksamkeit. Es möchte von allen Pflanzen sprechen, die es wert sind, in einem Topf gehegt und gepflegt zu werden – doch muss es sich auf eine subjektiv erlebte Auswahl beschränken. Und es schaut in Gärten hinein, erzählt von ihrem Zauber, der durch Töpfe und Kübel noch deutlicher und unverwechselbar hervortritt.

Es ist ein persönliches, im Grunde unsystematisches Buch und es möchte »Das Topfgartenbuch« nicht ersetzen, wohl aber ergänzen durch ein Bilderbuch aus fotografierten Beispielen und erzählten Bildern, die in der Fülle schwelgen und dadurch anregen können, den Faden der Begeisterung aufzugreifen und weiter zu spinnen. Dieser grüne Faden, der sich durch alle diese Bilder zieht, heißt Lust am Spiel und meint die Freude, beweglich zu gärtnern, zu verändern, zu arrangieren. Um dadurch immer wieder neue Bilder zu erschaffen, mit ein paar Handgriffen, mit einer kleinen Idee. Aus dem guten Geist des Augenblicks geboren oder aus sorgsamen Überlegungen.

In Töpfen gärtnern bedeutet beides wunderbar zugleich: den glücklichen Augenblick mit seinem schwärmerischen Überschwang und Treue, großziehen, aufpäppeln, über den Winter bringen. Und es bedeutet Neugier, kennen lernen, ausprobieren, Mut, etwas zu wagen, weil es ja nicht für immer ist. Dies alles sollen die Bilder und die Texte einfangen und wiedergeben. Aber lebendige Vielfalt bringt einiges spielerisch durcheinander: Zwischen Sommerblumen blühen Stauden, neben dem frostsicheren Gehölz steht eines, das ganz sicher nicht ohne Winterschutz überleben kann. Kurz gefasste Pflanzenlisten im Anschluss an die Bildtexte bringen hier wieder die rechte, hilfreiche Ordnung.

Dieses Buch erzählt von der Liebe zum Sommer, zu den Blumen, und von dem Glück, sie in Töpfen um sich herum zu versammeln. Dieses Konzept hätte ich alleine so nicht darstellen können. Deshalb danke ich allen, die mich dabei unterstützt haben. Birgit Hagenburger und Erk Kanis, die mir ersten Mut gemacht, aktive Mithilfe angeboten und auch durchgehalten haben. Dank auch an Ewald Hügin, der seine kreativen Vorstellungen zum Thema anpflanzte und mir außerdem bei der botanischen Pflanzenbestimmung half. An Anja Maubach, deren eigene Topfliebe ich nach Herzenslust anschauen und fotografieren durfte. An einige Baumschulen. Und an die Freunde vor allem: Sie dachten mit, steuerten Anregungen und Informationen bei. Mein Mann harrte über eine lange Zeit geduldig aus und glaubte an das Gelingen. Danke. Liebe geht nicht verloren. Sie blüht weiter in Bildern, in Gärten, in Töpfen. In diesem Sinne wünsche ich Ihnen die allerschönsten Buchsbäume.

Weisenheim, im Herbst 2000

INHALT

KLEINE TOPFGESCHICHTE

Zeugen der Vergangenheit: Ein ägyptischer Töpfer bei seiner Arbeit an der Scheibe. Diese anschauliche Plastik aus Kalkstein gehört zu den Schätzen des Oriental Institute of the University of Chicago und ist etwa um 2500 vor Christus entstanden. Der Fundort des ausgehölten Steines unten ist das minoische Phaistos auf Kreta.

Wie der Blumentopf zu uns gekommen ist? Das ist eine sehr lange Geschichte. Sie beginnt mit den ältesten Gefäßen der Menschheit. Man benutzte sie zum Aufbewahren und Transportieren von Trinkwasser und sie bestanden aus in der Natur vorgefundenen Formen: Es waren Fruchtschalen, Bambusstücke, Straußeneier, bearbeitete Holzstücke und Steine, Tierhäute und mit Harz abgedichtetes Flechtwerk.

Der entscheidende Entwicklungssprung vollzog sich vor etwa 10 000 Jahren: Man konnte Tonerde durch Feuer festigen. Was für eine Entdeckung! Schritt für Schritt ermöglichte sie die Entwicklung vom Aushöhlen der Tonklumpen bis zur Spiraltechnik, die das formbare Material zu Würsten modelliert und aufbaut, etwa so, wie man es noch heute in jedem Töpferkurs lernt. Aus vorgeschichtlicher Zeit, in der Menschen noch keine schriftlichen Zeugnisse hinterließen, finden sich Abdrücke von Matten und Holz an Gefäßteilen. Sie verweisen auf eine drehbare Unterlage, den Vorläufer der Töpferscheibe, die im 3. Jahrtausend im Nahen Osten erfunden und im Laufe der Zeit stetig verbessert wurde.

Schneller als die Töpferscheibe entwickelte sich der Brennofen aus seinen Anfängen, der offenen Feuergrube der Jungsteinzeit. Es dauerte nicht lange, bis man auch den Kuppelofen kannte. Mit einem Rost, auf den das Brenngut gestellt wurde, war er der Prototyp des Töpferofens für Jahrtausende.

In Tongefäßen, hoch und bauchig, wurden vor allem Vorräte gelagert: Getreide, Öl, Oliven, Wein. Seit wann der Mensch Pflanzen schützend in Gefäßen heranzog? Man wird sich dies in einer sehr frühen Entwicklungsphase vorstellen, als Pflanzenanbau ungebändigter Natur abgerungen werden musste.

Ausgrabungen belegen: Die alten Ägypter und Griechen pflanzten Gehölze in schwierigem Gelände – in der Wüste oder auf felsigem Untergrund – mitsamt Tongefäßen ein. Das durchlässige Material vermochte Feuchtigkeit sowohl zu speichern, als auch abzugeben, nachdem die Baumwurzeln den Behälter längst gesprengt hatten.

11

IN DEN GÄRTEN DER ZEIT

Das Gemälde ist Teil der Fünf-Sinne-Allegorie und stellt den Geruchssinn dar. Seine Blumen blühen so zeitlos und lebendig, dass man sie für den eigenen Garten greifen kann.

Doch wie überall: Sind die lebenswichtigen Bedürfnisse erfüllt, sinnt der Mensch auf Schönheit und Verfeinerung. Das Gefäß entwickelte sich vom profanen Gebrauchsgegenstand auch zum Kult- und Kunstobjekt. Schon Keramiken aus der Jungsteinzeit sind verziert mit Bandornamenten, die sich bis zur kretisch minoischen Kultur verfolgen lassen. Aus den Mustern der frühen Bandkeramik entwickelten sich Mäander und Flechtbänder. Dreiecke, Rauten, Winkel und Zickzack-Muster begleiten die Gefäße durch die Zeiten; sie prägen den Stil einer bedeutenden Keramik-Epoche in Griechenland im 9. Jahrhundert v. Chr. Zur Blütezeit dieser Kunst entstanden in Athen auch Tongefäße ohne Boden in der erstaunlichen Höhe von 150 Zentimetern. Man ließ sie auf Gräbern in die Erde ein, um den Verstorbenen Trankopfer darzubringen.

Im Bilderbuch der Kunstgeschichte glänzen im alten Athen Dachgärten, die mit herrlichen Kübelpflanzen geschmückt sind. Es betören elegante, säulengeschmückte Peristylgärten im Land der Griechen und der Römer. Es bezaubern paradiesisch anmutende maurische Gartenanlagen in Spanien – orientalische Märchen, in denen bepflanzte Töpfe mit ihren Spiegelbildern spielen.

Die Faszination für fremdländische Pflanzen in Kübeln findet in den prächtigen italienischen Gärten der Renaissance und des Barock ihre bis heute reizvollen Traumbilder: repräsentative, fürstliche immergrüne, teils symmetrische Anlagen.

Doch es gibt ein Bild ganz anderer Art von Jan Brueghel d. Ä. aus dem 17. Jahrhundert: Der Maler streut Rosen vor uns aus, schwelgt in duftigen Blumensträußen, bepflanzt Töpfe und Kübel mit allerlei blühenden Blumen. Wie gerne lassen wir unsere Sinne verführen! Wie erfreulich, dass etwa ab dem 19. Jahrhundert farbenfrohe, blühende Kübelpflanzen richtig in Mode kamen, und zwar nicht nur in wohlhabenden Kreisen. Die Möglichkeiten unserer Tage schließlich sind überwältigend; in so breit gefächertem und jedermann zugänglichem Angebot hat es sie vorher niemals gegeben.

13

GRIECHISCHES ERBE

Karameikos, griechisch: der Ton. Und die Töpferwaren, die am Dipylon, einem Stadtteil von Athen, gefertigt wurden. Sie erreichten im 6. und 5. Jahrhundert v. Chr. ihre künstlerische Vollendung sowohl in der Vielfalt der Formen als auch in der Bemalung und in der Brenntechnik. Schon damals arbeitete man mit Reduktionsbränden: Öfen wurden während des Brennvorganges verschlossen und wieder geöffnet. Dadurch veränderten sich die Brenntemperaturen und in Kombination mit verschiedenen Materialien entstanden jeweils andere Färbungen des Tons.

Töpferhandwerk wurde subtile, ausdrucksstarke Kunst und figürliche Darstellungen zu unschätzbaren Zeitzeugnissen. Feinster Ton und perfekte Technik auf der Töpferscheibe ermöglichten eine reiche Formensprache: Die klassische Amphore und der Krater, ein Gefäß mit großer Öffnung, in dem Wein und Wasser gemischt wurde – sie gab es in vielerlei Gestalt. Mit schwungvollen Henkeln verzierte Becher und die berühmten »weißgrundigen« Lekythen, schlanke Ölkrüge, bei denen die Bilder auf weißen Tonüberzug gemalt sind; sie zählen zu den schönsten alten griechischen Gefäßen.

Karameikos, unverfestigte Sedimentgesteine feinster Körnung, abgesetzt im Meer oder in Binnenseen. Verwitterungsreste, Reste von Organismen, Mineralien geben dem Ton jeweils seine ganz spezielle, ortstypische Note. Er saugt begierig Wasser auf und wird je nach Zusammensetzung mehr oder weniger plastisch, formbar und brennbar ohne Risse zu bilden.

Karameikos, die Töpferwaren. Heute entstehen sie in Griechenland nicht viel anders als überall sonst auf der Welt: in kleinen Töpfereien, Familienunternehmen meist, und in wenigen Großbetrieben. Die Idee, größere Keramikgefäße als dekorative Blumenkübel zu nutzen, setzt sich jedoch erst in den letzten Jahren durch. Nach wie vor gibt es für den täglichen Gebrauch überwiegend den einfachen handgefertigten Tontopf und die unerschöpfliche Improvisationskunst, es aus jedem nur erdenklichen Gefäß – Kanister, Kanne oder Eimer – aufs Schönste blühen zu lassen.

Beinahe scheint es, als sei die Zeit stehen geblieben: In der kleinen Töpferei auf der griechischen Kykladeninsel Siphnos wird jedes Stück von Hand gefertigt, nachgebessert oder mit Ritzmustern verziert.

IN DER TÖPFERWERKSTATT

Auch wenn es hilfreiche Technik gibt, den elektronisch gesteuerten Brennofen, einen elektrisch betriebenen Aufzug zum Transport fertiger Tonwaren – das Wesentliche, Unverwechselbare vollbringen Hände und Augen.

Die Bilder ähneln sich: Ist ein Grieche am Werk? Nicht ganz. Erk Kanis, Archäologe aus Leidenschaft, lebt und arbeitet in der Pfalz und trägt doch Griechenland in seinem Herzen: Konsequent und ernsthaft verwandelte er seine Liebe zu alten Gefäßen in die Fähigkeit, sie neu zu erschaffen. Mit seinen Händen. An der Töpferscheibe. Es berührt mich, ihm zuzuschauen. Olivbraun, geschmeidig und doch fest gleitet der Ton als massive Wurst aus einer urig wirkenden Tonmischmaschine heraus. Ich sehe Tonstücke, portioniert wie Brotlaibe. Und sehe zu, wie sie auf der Töpferscheibe unter immer gleichen kraftvollen Handgriffen zu Gebilden wachsen, die anfangs wie ein Hut aussehen und im nächsten Augenblick schon als Gefäß begreifbar sind. Überraschend schnell und sicher führt er mit seinen tonigen Händen die Form in die Höhe und in die Breite, ein Werkstück beinahe wie das andere.

Auch heute noch steht Erk mit einem Bein in Griechenland; dort hat er Partner und Freunde, dort kauft er griechische Gefäße, dort kauft er aber auch seinen Ton ein. Doch, das rechnet sich trotz Transport – und der Ton liegt so vertraut in der Hand, seit er bei seinem Athener Lehrmeister gelernt hat, diesen Ton zu fühlen, zu kneten, zu modellieren.

Mindestens eine Woche lang werden die olivbraunen Pflanzgefäße trocknen, die Erk an diesem Morgen gedreht hat. Dann wird er sie brennen, und zwar bei über 1000 °C in einem modernen, gasbetriebenen Ofen, der ein Fassungsvermögen von 3,5 Kubikmeter hat. Äußerste Sorgfalt waltet beim Einräumen: Die Gefäße berühren sich nicht, dafür gibt es Trennstücke. Wie die heiße Luft im Ofen zirkulieren wird, kann nur geschätzt werden und beruht auf Erfahrung. Äußerste Spannung auch beim Ausräumen, nachdem das Brenngut etwa einen Tag lang ausgekühlt ist: Immer wieder, nach all den Jahren noch, ist dies ein Augenblick mit Herzklopfen. Ist die Fracht gelungen, gab es Risse, ist etwas zersprungen? Herrlich, der Wagen voller terrakottafarbener Töpfe! Ein wahrhaft schöpferischer Vorgang!

DIE NEUEN GRIECHEN

Neue Pflanzgefäße aus kretischem Ton sind frostsicher und nicht zu schwer. Sie wirken optisch leicht und sind auch unbepflanzt sehr schön. Es gibt übrigens Einsatzgitter, um auch die großen mit Pflanzen zu schmücken. Allerdings sollte dann ein Wasserabzugsloch in den Gefäßboden gebohrt werden.

Man muss sich das so vorstellen: Ein Mann steht in einer mannshohen Grube und dreht von Hand eine Scheibe, die mit einer fest stehenden Achse eine andere Scheibe antreibt. Auf dieser oberen Scheibe, auf Erdniveau, baut ein zweiter Mann eine große kretische Roubaki auf. Das ist ein nach oben breit werdendes geräumiges Gefäß mit zwei kleinen Henkeln – ideal beispielsweise, um ein Gehölz darin wachsen zu lassen. Solche großen Gefäße entstehen mittlerweile wieder in Kreta, nachdem auf Initiative des World Wild Live Found und der Unesco das schon verloren geglaubte Handwerk wieder belebt wurde. Die Rechnung ging auf: Die zuerst nur für den Export gefertigten Vasen, Krüge und Pflanzgefäße fanden bei den Gartenfreunden in Westeuropa Liebhaber und Käufer. Das ist ein Glück, aber kein Wunder. Denn diese stattlichen Gefäße, gewachsen in einer Kombination aus Drehen und Aufbauen, sind absolute Unikate. Ihre Formen knüpfen an die Tradition klassischer Gebrauchsgefäße an, erzählen von Knossos, Phaistos, Akroriti und von Zeit und Geschichte unter griechischem Himmel. Der Ton, aus dem sie geformt sind, ist sehr geschmeidig und erlaubt für Gefäße beachtliche Dimensionen ohne zu reißen. Er brennt hell grauocker auf. Dieser unverwechselbare Farbton erinnert an Sand, an Asche, an einen Hauch Raureif an der Oberfläche, und er variiert in natürlicher Patina, sodass die Gefäße einander auch in der Farbe nicht völlig gleichen. Vielleicht wird es auch in Griechenland eine Rückbesinnung auf in Jahrtausenden bewährte Materialien geben und der große Kübel erfährt eine ähnliche Renaissance wie bei uns das Weinfass aus Eichenholz. Wer weiß? Erk erzählt, dass bei einer Grabung in der Türkei einheimische Helfer nach kurzer Plastik-Episode ihren Trinkvorrat sehr bald wieder in uralt-gebräuchlichen Wasserbehältern aus Ton mitbrachten.

Gerne wüsste ich, ob der alte Pithos noch am Stamm des Olivenbaumes steht, auf einem Olivenacker auf dem Weg nach Margarithes, wo heute neue Pithoi gefertigt werden. Er prägt die Vorstellung, welche Pflanzen zu kretischen Gefäßen passen: Es sind helle, silbrige Sonnenpflanzen in gebrochenen, feinen Farben. Ich stelle mir zum Beispiel einen frei stehenden Kübel vor, bepflanzt mit einem breit ausladenden *Indigofera kirilowii*, einem kleinen Strauch, der im Mai/Juni mit rosa Rispentrauben blüht und die übrige Zeit mit seinen zierlichen Fiederblättchen erfreut. Oder eine Olive, Zistrosen, einen knorrigen Weinstock, eine Rose, eine Myrte oder einen Granatapfel.

EDLES AUS ITALIEN

Sucht auch die Seele das Land der schönen Gefäße bei den Griechen, das Gartenherz erfüllt sich seinen Traum vom Süden in Italien. Denn hier findet es Gefäß und Pflanze und Garten in verführerisch anschaulichen Vorbildern vereint. Unvergessen reifen Zitronen, leuchten Azaleen in stattlichen Terrakotta-Kübeln. Die Erinnerung umkränzt sie mit Olivenbäumen und Zypressen und Sonne – und ist überzeugt.

Doch auch hier, wie in anderen Ländern, gibt es Pflanzgefäße in sehr unterschiedlicher Qualität. Mittelmaß und Vollendung. Maschinell hergestellt oder von Hand gefertigt. Das Herz aber eines jeden Topffreundes schlägt höher bei Terrakotta Exclusive, das sind wunderbare handgearbeitete Terrakotten aus der Gegend von Siena. Und es kann sich kaum satt sehen an Keramiken aus Impruneta, verführt von einem Gefäßstil, der diese Töpfe zu »Kultobjekten« macht. Einmalig in Material und Farbe. Was für eine Freude, selbst den kleinsten anzufassen! Griffig sind sie, starkwandig. Ihre Farbe ist rötlicher als die griechischer Gefäße. Impruneta-Ton ist stark eisenhaltig und von gröberer Beschaffenheit; er verlangt hohe Brenntemperaturen, wird hart und fest, saugt kaum Wasser auf. Die Handarbeit findet nicht auf der Töpferscheibe statt; solch schwere Gefäße werden in Gipsformen modelliert und von Hand nachbearbeitet. Ein teures Verfahren, denn solche Formen halten nicht ewig, brauchen Platz, und mit einer Form pro Modell ist es in einem größeren Betrieb nicht getan. Gefäß und Schmuckrelief – üppige Renaissance-Dekore, barocke Girlanden und moderne Muster – entstehen im gleichen Arbeitsgang haltbar miteinander verbunden. Schließlich müssen die Werkstücke sehr lange trocknen, bevor sie gebrannt werden können.

Einige Formen aus Impruneta verweisen auf die Etrusker, die im Altertum Teile Italiens besiedelten und in ihrer Kunst, besonders beim Herstellen der Gefäße, stark von der frühen griechischen Keramikkunst beeinflusst waren. Spezielle Vasen wie die Orcio etrusco con due manici könnten zu den Kanopen gehören, zu den etruskischen Asche-Urnen, deren Deckel menschliche Köpfe darstellten.

Andere, sehr repräsentative Impruneta-Gefäße zitieren Luxus und Glanz der Medici-Gärten. Pflanzen für solch anspruchsvolle Kübel sind Kamelien, Lorbeer. Zum Überwintern im Freien eignen sich Azaleen, Buchs, Rosen. Der Standort ist sonnig. Es wäre doch schade, wenn Algen und Moose die kostbare Schönheit überwachsen würden.

Und was kann darin überschäumend blühen? Wie wär's mit Stiefmütterchen? Die einfachen, orangefarbenen, ohne Auge, ergänzen das noble Gefäß zwar perfekt, lassen jedoch der Fantasie noch Spielraum für paar orangefarbene Tulpen dazwischen. Ein Tipp für den Sommer: *Verbena* 'Peaches and Cream' und *Diascia integerrima*.

TÖPFE AUS FERNOST

Ein weiterer Vorteil dunkler, besonders blauer oder grüner Glasuren: Kübel und Pflanzengrün bilden eine optische Einheit. Eine solche Topfversammlung kann in ihrer harmonischen Wirkung begeistern.

Sie sind ideal für Schattengärten! Nicht nur, weil sich auf den festen, glatten Glasuren kaum Patina ansetzt oder weil sie in der Sonne recht warm werden können. Viel spannender sind die leuchtenden, subtilen, matten und glänzenden Farben, die mit Pflanzgefäßen aus Thailand, Vietnam und China in den Topfgarten kommen. Zum Greifen nah: Himmel und Meer, Wolken und Nebel, Stein und Sand, Moos und Quelle. Wie inspirierend kann es sein, mit solchen Topffarben durch den Garten zu gehen, gute Plätze zu suchen und dort mit ihnen zu malen! Ein Bild stellt verschieden blau glasierte Terrakotten an das Wasser und verdoppelt ihr Farbenspiel im Spiegelbild. Das ist schön unbepflanzt. Oder noch schöner, wenn in einem oder in zwei kleinen Kübeln blaue Lerchensporne wie Edelsteine funkeln? Andere Bilder erfreuen durch Farbkontrast: mit Blau-Gelb im Tulpenbeet oder mit einer gelben Azalee im blauen Gefäß. Wer Mut hat, pflanzt eine orangefarbene Azalee in einen roten Topf. Wer es dezent liebt, wählt eine weiß blühende für einen türkisfarbenen Kübel.

Ob die Töpfe Heimweh haben? Nach grünen, stillen Gärten? Vielleicht ist dies der Grund, warum Pflanzen mit fernöstlichem Touch so stimmig darin aussehen: Bambus, Azaleen, Rhododendron, Ahorn, Hortensien. Gräser und Farne wirken noch zarter in farblich fein abgestimmten Gefäßen. Und gäbe es die Funkie nicht – man müsste sie in diesem Zusammenhang erfinden!

Völlig anders wirken rustikale, braun glasierte Keramiken aus Thailand: Reell, erdverbunden, ländlich, irgendwie aber auch neutral, fühlen sie sich im natürlichen Topfgarten zu Hause. Sommerblumen sehen darin genauso selbstverständlich aus wie Petersilie oder Tomaten.

Gute Keramik aus Fernost ist dickwandig und hart gebrannt. Sie nimmt in der Regel kein Wasser auf und ist bei sachgemäßer Behandlung frostsicher.

23

VERFÜHRERISCHE QUALITÄT

Die hohen, schmalen Kübel der Firma Eschbach, die es in verschiedenen Größen gibt, animieren zu besonderen Gestaltungen. Richtig platziert können sie wie eine mehrteilige Skulptur wirken. Links im Bild der immergrüne Steinsame, *Pittosporum tobira* 'Variegata'. Seine unscheinbaren weißen Blüten im Frühling duften süß und betörend.

Die Vielfalt der Töpfe steht der Vielfalt der Topfpflanzen kaum nach. Allein in dieser einen Töpferei, bei Palatina Keramik, jauchzt das Herz! Kein Pflanzenthema, zu dem Erk Kanis nicht den richtigen Topf hätte. Einen schönen, rötlichen Tontopf. Hartgebrannt. Dünnwandig. Den man auch in großer Ausgabe noch unter dem Arm nach Hause tragen kann. Erk versteht sich nicht in erster Linie als Künstler, sondern eher als Handwerker, sagt er. Pflanzengerechte, vernünftige Blumentöpfe möchte er machen, so wie er es in der kleinen traditionell arbeitenden Töpferei gelernt hat. Natürlich in vielseitigerer Auswahl: Von kleinsten Kübeln – gerade mal richtig für ein Hauswurz – bis zu hohen, in drei Etappen gearbeiteten, die in dieser Technik hier kaum mehr hergestellt werden. Es gibt das Set, jeweils drei Gefäße gleicher Form in verschiedenen Größen; es gibt den speziellen hohen Rosen-Topf, schlicht glatte, eckige Blumenkästen und solche, deren Relief von der Form einer alten Ofenplatte stammt.

Farbe, Qualität und Frostsicherheit der unglasierten Tongefäße von Palatina Keramik regen an zu Vergleichen mit den begehrten Werkstücken des englischen Töpfers Jim Keeling, Wichford Pottery. Bemerkenswert, was er über seine Arbeit sagt: »Mein Denken war in meinen Händen.« Übrigens fand auch Jim Keeling als Archäologe zum Töpfern. »Keramik«, sagt Erk, »ist das Leitmaterial der Archäologie. Der weiche, bröckelige Ton – gebrannt hält er Tausende von Jahren. Man muss Keramik lieben.«

Verführerische Vielfalt im kleinen Ausschnitt: Dickwandig und schwer sind die Eschbach-Kübel. Sie sind von Hand in Gipsformen hergestellt und überzeugen in sehr lebendiger Tonfarbe, wie gewischt, orangerosa schimmernd.

Wunderbares aus Frankreich: Vases d'Anduze, Handarbeit mit Antik-Patina und ländlichem Charme. Auch dickwandige, schlichte Pflanztöpfe und Kübel mit Antik-Patina, nachtblau, smaragdgrün, maisgelb, himbeerrot. So schön, dass man sie um ihrer selbst willen besitzen möchte.

25

DER ANDERE TOPF

Gemahlene Macht hat ein Dichter den Sand genannt. Auch Ton ist ein in Millionen von Jahren aus Steinen entstandenes, ganz spezielles Material. Wir achten den Ton und lieben terra cotta, die gebrannte Erde. Wie selbstverständlich begleiten ihre so verschieden nuancierten Farbabstufungen unsere Kübelpflanzen.

Und dann gibt es im Zusammenhang mit Pflanzen und Gefäßen noch eine ganz andere Farberfahrung: Das Grau, Zinkgrau, Bleigrau, Steingrau. Seltsam, für sich betrachtet gelten Nuancen des Grau als kalt und undefinierbar, verwaschen und alt, trübe und langweilig. Dennoch finden wir den blaugrauen Zinkkübel schick, den taubengrauen Bleikübel raffiniert und den nebelgrauen Steinkübel kultiviert. Je länger ich über sie nachdenke, desto mehrdeutiger erscheinen sie mir. Dieser Eindruck entstand schon bei den Fotoaufnahmen bei Iris Diel.
Während ich noch über Pflanzenzuordnungen nachsann und Rosen erwog, packte Iris, die junge moderne Floristin, einen struppigen Thymian-Topf und setzte ihn in den Zinkkübel – das war es!

Begriffe wie Solitär und Eleganz reichen nicht aus, das Wesen dieser Kübel einzukreisen; der Begriff Purismus gehört auch dazu, die Reinheit des Stils. Was bedeutet er im Zusammenhang mit Bleigefäßen, patiniert in den schönsten Grautönen, mit denen englische und holländische Gartenfreunde so gekonnt umgehen? Wie werden wir umgehen mit gegossenen Metallgefäßen, die sehr in Mode kommen?

Eines ist sicher: Besonders raffiniert zu Metall- und Steinfarben passen sanfte Blau- und Lilatöne, Grau und Weiß. Sehr schön wirken *Plumbago*, Hortensien, Lilien, Funkien mit bereiften Blättern und besonders: Kreuzkraut, *Brachyglottis repanda* 'Sunshine', – ein immergrüner Busch mit ovalen graugrünen Blättern, die durch ihre pelzig weiße Unterseite weiß umrandet wirken. Der Thymian-Busch macht Mut zum Alternativen, zu Rosmarin, Lavendel, Silberraute, Gräsern, Neuseeländer Flachs, Wolfsmilch und Bärenklau.

Die doppelwandigen Gefäße aus Zinkplatten isolieren gegen Wärme und Kälte und können ohne Einschränkung bepflanzt werden. Die Steinkübel bestehen aus mit Steinkleber zusammengefügten Platten. Gegossene Metallgefäße sind massiv und schwer. Sie alle nehmen absolut kein Wasser auf und sind somit frostfest – vorausgesetzt, es besteht eine gute Dränage und die Erde ist vor einer Frostperiode relativ trocken. Denn Eis vermag Steine zu sprengen und jedes Gefäß.

Minimalistisch, modern und anpassungsfähig an architektonische Elemente findet der Steinkübel sicher seine Liebhaber. Außerdem reizen Kuben und Würfel zum »Bauen«. Folgerichtig ist die Kugelform eines Buchsbaumes oder eines ähnlichen Gehölzes eine ideale Ergänzung.

ERDE ANFASSEN

Die archaische Freude, eine Pflanze in die Erde und in einen Topf zu setzen, lebt auch von der Vorfreude auf zukünftige, traumhafte Ergebnisse. Dafür ist das beste Substrat gerade gut genug – so ist eine mögliche Ursache für Enttäuschungen vermieden.

Zwischen Topf und Pflanze ist die Erde, das Substrat. Dieser Stoff lebt, er ist das Kostbarste, was man seinen Schützlingen mit auf den Weg geben kann. An dieser Stelle zu sparen hält der Staudengärtner Ewald Hügin ausdrücklich für falsch. »Erde«, sagt er, »ist so sensibel wie frische Milch.« In billigen Blumenerden, die in Kunststoffsäcken lange in der Sonne gelagert wurden, kann der ursprünglich enthaltene Dünger abgebaut und das Substrat erheblich beeinträchtigt sein.

Wichtiges kurz gefasst

Substrate

Gute Pflanzerden, so genannte Einheitserden, enthalten je nach Produkt: Torf, Weißtorf, Komposterde, Tonanteile, wasserlöslichen Volldünger, Depotdünger und Mineralien. Geeignet sind sie für alle Sommerblumen, für Einjährige und Gehölze.

Außerdem enthalten spezielle Erden für Kübelpflanzen: Holzfasern, Lava oder Blähton, die das Substrat länger locker halten. Wichtig ist das für Pflanzen, die jahrelang nicht verpflanzt werden.

Rhododendron-Erden eignen sich für alle Moorbeetpflanzen.

Für besondere Pflanzenbedürfnisse: Gutes Substrat mit Kompost, Sand und Gartenerden nach den jeweiligen Ansprüchen verändern. Zusätzlicher Blähton reguliert den Wasserhaushalt und sorgt für gute Belüftung.

Töpfe

Vorab reinigen, neue Gefäße aus Terrakotta wässern.

Abzugsloch mit Tonscherbe abdecken.

Dränage

Aus Tonscherben, Kiesel oder Stücken aus Hartschaumstoff; sie verhindert stehendes Wasser und Sauerstoffmangel an den Wurzeln.

Im größeren Kübel die Dränageschicht mit einem Flies oder feinmaschigem Netz bedecken, damit sie nicht durch Substrat verschlämmt wird.

Gute Dränage ist besonders wichtig für alle Kübelpflanzen, die im Freien überwintern. Eis sprengt jedes Gefäß!

Große Kübel erhöht stellen, auf Tonfüßchen, Holzlatten oder Ähnliches.

Gießen

Besser wenig und gründlich als oft und wenig.

Niemals in der Mittagshitze!

Vorgewärmtes Wasser ist besser als der Gartenschlauch.

Düngen

Depotdünger ist auch in guten Substraten rasch verbraucht, deshalb ab vier bis sechs Wochen nach dem Pflanzen regelmäßig nachdüngen: flüssig – gut für Gehölze – oder mit einem Depotdünger.

Ab Mitte August abschließen!

DER GARTEN ALS KULISSE

Glücklich, wer so eine herrliche Vase in seinem Garten hat. Das Prachtstück ist etwa zweihundert Jahre alt und stammt aus Italien. Behutsam hat die Gärtnerin das Umfeld dafür gestaltet: Immergrüne hohe Nadelgehölze bilden den würdevollen Rahmen, panaschierter Hartriegel und eine kleinblättrige Japanische Stechpalme die helle, heitere Begleitung.

Ob er ein Träumer ist? Oder doch eher ein Realist, der seinen Traum lebt? Man konnte zusehen, wie dieser Traum des Wolfgang Meurer, Winzer und Gastronom, nach und nach Wirklichkeit wurde. Zuerst fiel ein verwunschener grüner Garten auf, in dem es nur weiße Blumen gab. Dann füllten sich Terrassengärten mit opulenten südlichen Kübelpflanzen. Echte Zypressen und Pinien folgten. Das alles war für die Pfalz, die »Toskana Deutschlands«, noch nicht außergewöhnlich. Doch dann ereigneten sich auf einem Nachbargrundstück seltsame Dinge: Zypressenalleen führen den sanften Hügel hinauf; die eine lenkt den Blick zu einer außerordentlichen italienischen Vase in einer Mauernische, die zweite grüßt einen aus Stein gebauten italienischen Pavillon mit einer überdachten Rundbogen-Terrasse. Herrlich runden italienische Kübel, Zinkgefäße und Urnen das Ensemble ab. Mediterrane Kübelpflanzen vollenden den hellen, sonnigen und auch für die Pfalz ganz und gar ungewöhnlichen Eindruck. Manchmal gibt es hier ein Fest, manchmal eine Ausstellung oder einen Tag der verkaufsoffenen Tür. Verwundert es, dass an solchem Ort selbst die exklusivsten Gefäße überall am richtigen Platz sind? Der Garten ist zur Bühne geworden und die Stücke, die hier aufgeführt werden, heißen Sehnsucht.

Aber ja, man kann den Traum auch ein wenig kleiner träumen! Die Kulissen für Bühnen im Garten sind: Hecken in allen Formen und Höhen, immergrüne Gehölze. Perspektiven, Blickachsen, Durchblicke. Symmetrie. Ruhe und Gelassenheit. Aber auch der Sinn für die ausdrucksstarke Geste und die Freude am theatralischen Effekt. Herausgehoben, ja stolz sprechen die Akteure, Kübel und Vasen, für sich selbst. Sie schmücken sich vielleicht mit einer Efeuschleppe, mit einem leuchtenden Azaleenstrauß. Und dann und wann tanzt vielleicht ein Kobold vorbei und aus seinem bunten Hut flattern blaue Blumenbänder.

ZWISCHEN HAUS UND GARTEN

Guten Morgen. Stimmt es nicht froh, die Tür zum Garten zu öffnen und von blühenden Töpfen und bepflanzten Kübeln nach draußen gelockt zu werden? Ja, es macht Freude, grüne Buchsgesellen wie alte Freunde zu begrüßen, die Wache gehalten haben und treu zur Stelle sind! Auf ihre Art gehören sie eng zum Haus. Vielleicht beziehen sie sich formal darauf: betonen ein Fenster, flankieren eine Tür, begleiten eine Treppe oder umrahmen eine Sitzbank. Das hätte Tradition: Buchs, geometrisch geschnitten, schätzte man schon in der klassischen Gartenkultur als Wiederholung architektonischer Formen. Auf ihre Art knüpfen Kübelpflanzen am Haus auch Kontakte zum Garten, stellen Beziehungen her zu den Blumen in den Beeten, zu den Gehölzen im grünen Raum und zu anderen Motiven mit Kübeln. Als Mittler zwischen den häuslichen Welten wachsen sie besonders ans Herz und die kleine Extragabe Wasser ist ihnen so sicher wie der fürsorgliche Blick im Vorübergehen.

Vor der anderen Tür, der Tür zum Vorgarten, geht es nicht ganz so privat zu. Hier kommt Außenwelt ans Haus heran und findet die Signale seiner Bewohner: einen Willkommensgruß oder Verschlossenheit, Zurückhaltung oder Selbstdarstellung. Sehr oft aber auch Gleichgültigkeit, und das ist schade. Denn ein freundlicher Empfang tut gut wie ein erstes Lächeln.

Immer wieder Buchsbaum: Kugeliges Wohlgefühl und Ordnungssinn verfehlen selten ihre angenehme Wirkung. Und sie verraten nicht so schnell, wie reichlich oder knapp die Zeit für ihre Pflege mitunter ist. Nicht unkompliziert und trotzdem proper eignen sich Zwergformen des Abendländischen Lebensbaumes *Thuja occidentalis* als dauerschöne Kübelgehölze: gelbgrün und sehr langsam wächst die Sorte 'Danica', dunkelgrün 'Tiny Tim' und streichelfein, graugrün die Sorte 'Teddy', die sich den Winter über bräunlich verfärbt.

Der Tag neigt sich. Stimmt es nicht froh, wenn bepflanzte Kübel den Heimkehrenden begrüßen oder den Schritt vom Garten ins Haus vertraut begleiten? Gute Nacht.

Soll es in Hausnähe blühen, dann sind neben bunten Sommerblumen auch Fuchsien, *Agapanthus* und Rosen eine gute Wahl. Vielleicht ein verspieltes Hochstämmchen? Das gilt es zu bedenken: Fehlt ein Zaun, dann können schöne und leicht zu transportierende Gefäße eines Morgens leider nicht mehr da sein.

SPIEGELUNGEN

Es gibt einen Garten, der wie verzaubert ist. In seinem Herzstück, dem großen Teich, tanzt rund und froh eine blaue Mamsell über dem Wasser. Schwebend, immer an der gleichen Stelle. Die Bewegung geht vom Betrachter aus, der an der Keramik »Die Tanzende« seine doppelte helle Freude hat. Während er in diesem Zaubergarten staunend zwischen Schilf und Farn einen Fuß vor den anderen setzt, begegnet ihm eine Tonvase, die aus dem Wasser wächst. Schwebend, visionär. Noch weiß er nicht, dass er dieser Vase noch einmal im Herbst begegnen kann, dann wird sie mit drei Kugel gefüllt im Schatten stehen. Und wenn er später wiederkommt, blüht sie aus dem Schnee und verleiht dem schmelzenden Augenblick Dauer. Was soll er mehr bewundern, die lässige Eleganz oder die Kreativität? Denn das ist ja noch nicht alles an diesem Zaubersee. Dort hinten, auf einer Stufe, die ins Wasser führt, liegt eine goldene Kugel. Es freut den Hausherrn, wenn der Gast glauben möchte, dies sei die goldene Kugel der Prinzessin und in seinem Teich wohne ein Frosch, der verzauberte Prinz.

Ein Sandsteinkreuz liegt unter dem Wasser. Verborgene Schätze, verborgene Zeit, verborgene Geschichten? Hier könnte Däumelinchen aus seiner Tulpe im Blumentopf noch einmal geboren werden. Finden doch die Dinge wieder ihre verlorenen Bedeutungen zurück: Eine Kugel ist eine Geschichte. Und eine Vase ist wieder ein Symbol für Empfangen und Leben. In diesem Zusammenhang verblüfft die Idee, einen bepflanzten Kübel halb in den Sand einzugraben; jetzt sieht es aus, als wüchsen beide, Baum und Gefäß, aus der Erde heraus. »Das ist mein Spiel. Im Gegensatz zum Garten, der vom Kopf her gedacht und geplant wurde. Am Teich lasse ich los und vertraue auf meine Gefühle.« Hat eben etwa der bunt bemalte Papagei gelacht, der zwischen Busch und Gras sitzt?

Je formschöner ein Gefäß ist, umso überzeugender wirkt es auch ohne Pflanzen. Es kann oft sogar die Rolle einer Skulptur übernehmen, was natürlich besonders im Winter wohltuend ins Auge fällt, wenn der Formenreichtum des Gartens unter einer dicken Schneedecke schläft.

KUGELSPIELE

Der deutsche Name Stein-Rose sagt viel aus über den Reiz der Hauswurz, von dem die allerkleinsten Exemplare gerade recht sind, um eine Kugel zu umpflanzen. *Sempervivum arachnoideum*, der Spinnweben-Hauswurz, ist eine solche Miniaturschönheit mit silbrig weiß übersponnenen graugrünen Rosetten und rosa Blüten im Sommer.

Für ihren dritten Auftritt ging die wunderbare Vase noch weiter ans Land; jetzt steht sie im tiefen Schatten alter Bäume. Wenige Handgriffe, einige Zutaten und ein nicht alltäglicher Einfall verwandelten sie in eine Gartenskulptur. Schnell fügten sich ihre Bestandteile zusammen, ebenso rasch lassen sie sich wieder abbauen, wenn die Fantasie etwas anderes damit vorhat. Doch was könnte noch überzeugender sein als der Kugeltopf? Mit Grandezza schmückt er seinen Schattenplatz, an dem wenig gedeihen würde. Spielt gelassen mit Licht und Schatten, mit Form und tieferer Bedeutung. Die Idee dazu, aus dem Herbst geboren, als andere Kübel ins Winterquartier mussten – sie bewährt sich viele vegetationslose Monate lang und sieht noch lustig aus, wenn Schnee und Raureif die Bilder verändern.

Der Witz, eine Vase mit Kugeln zu füllen und dadurch auch Bepflanzung stilisiert darzustellen, gelingt genauso pfiffig in kleinerem Maßstab: Eine einzelne Kugel im Long Tom, ein Ensemble aus solchen Kugeltöpfchen sind ein hübscher Winterschmuck. Spielerisch stellen sie alle Regeln für den Umgang mit Töpfen auf den Kopf; sie vertragen Hitze und Trockenheit und können niemals welken.

Fast trifft das alles auch auf eine andere Möglichkeit von Topf und Kugel zu: In flachen Pflanzschalen wachsen Kränzchen zierlichster Dachwurz jeweils um eine Terrakotta-Kugel herum und diese Kombination ist im Sommer so anmutig wie im Herbst und Winter. An sonnigen Plätzen kann man eine Treppe damit schmücken oder eine Fensterbank. In meinem Garten stehen drei verschieden große Kugelschalen zwischen Posterstauden am Rande eines Beetes und eines geschwungenen Pfades. Zusammen mit drei verschieden großen Kugeln aus Terrakotta und einigen Kieselsteinen hat das etwas von einer Einfassung.

Und mir fällt eine weitere Kugel ein. Sie ist groß, leuchtend blau und sie liegt neben einem Bambus. Was daran bemerkenswert ist? Der kleine Hügel. Und die Vorstellung, dass die Kugel jeden Augenblick diesen Hügel herunterrollen wird. Ich sehe eine Bewegung, weil ich sie weiß.

TOPF IN DER MITTE

In jedem Garten gibt es Orte, an denen Gefäße förmlich festwachsen. Sie sind dort in einem übertragenen Sinn so sehr am richtigen Platz, dass sie störend fehlen, wenn man sie aus irgendeinem Grund wieder wegräumt. Das hat nicht nur mit Sehgewohnheit zu tun. Mit einem Kübel, mit einer Vase markieren wir, oft ohne größeres Nachdenken, einen Mittelpunkt. Und zwar nicht einen geographischen Mittelpunkt, sondern einen erlebten und empfundenen. Das trifft zum Beispiel in hohem Maße auf den Kübel mit dem kleinen Buchsbaum zu. Er steht genau im Zentrum eines intensiv erlebten Gartenraumes. Fast möchte ich sagen: stellvertretend. In einem anderen Gedanken kam dies schon zum Ausdruck:

»Wie ein Sonnenstrahl so warm
streift meine Seele durch den Garten
Wie ein Schmetterling so leicht
Flattert sie vom Phlox zu den Lilien
Wie ein Vogel, der in sein Nest
fliegt, eilt sie zur Buchskugel
Hier möchte sie bleiben – denn
sie hat das Herz des Gartens gefunden.«

Auf ihre Weise zeigt so auch eine griechische Vase nicht nur einen Blickpunkt inmitten flüchtiger, hingewehter Sommervegetation, sondern einen emotionalen Mittelpunkt: *Eschscholzia californica*, die Schlafmützchen, die im leichten warmen Boden flächendeckend wachsen, umschäumen als goldene Welle ein festes Symbol der Erinnerung.

Auf ihre Weise zeigt auch die hohe griechische Vase im großen Doppelstaudenbeet von Anja Maubach sowohl eine imponierende geographische Mitte als auch einen wunderbaren Bezugspunkt, der sich auch dem Gast sogleich erschließt.

Natürlich kann man eine solche Wirkung mit verschiedenen Mitteln erzeugen. Ich erinnere mich an eine zierliche Säule, die in der Mitte eines Rosenrondells steht, auf der Säule ein Rosenkorb aus Stein. In einem anderen Garten steht auf einer vergleichbaren Säule an einer ähnlich betonten Stelle eine steinerne Schale als Vogeltränke. Manchmal genügen auch schon zwei hohe Blumentöpfe, umgestülpt wird der eine zum Fuß, bepflanzt der andere zum strahlenden Mittelpunkt.

Ob Festpunkt in der Eindrucksvielfalt des Gartens oder einer erlebten Mitte, auch das Gefäß selbst drückt etwas aus. Schauen Sie sich einmal Ihre Vasen und Kübel an und denken Sie die dazu passenden Adjektive. Das ist ein aufschlussreiches Spiel, denn Topf ist wirklich nicht gleich Topf!

HERBSTAKZENTE IM GARTEN

Wie wäre es mit dieser herbstlichen Verschönerung? Samenstände des Kugellauches, *Allium* 'Globemaster' könnten über den Rand eines höheren, teilweise mit Sand gefüllten Gefäßes schauen. Solange der Herbstwind sie nicht zu sehr zaust, können sie mit den trockenen Schneeballblüten formale Zwiesprache halten.

Im täglichen Gartenleben überwiegen die Impulse, zu verschönern und tatsächliche oder vermeintliche Schwachstellen auszugleichen. Ein Beispiel im Herbstgarten: Goldbraun haben sich die vertrockneten Blütenstände der Schneeball-Hortensie verfärbt, und ihre jetzt noch grünen Blätter werden nacheinander gelb. Aber könnte der Platz nicht doch eine kleine Aufmunterung gebrauchen? Eine Chrysanthemen-Kugel, gelb, strahlend, optimistisch? Ja, der gelbe Chrysanthemen-Topf steigert die gelbe Laubschönheit der hohen Fetthenne, *Sedum telephium* 'Herbstfreude', die selbst eine ausgezeichnete und sehr anspruchslose Kübelpflanze ist. Er greift das Farbthema eines Töpfchens auf, in dem gerade eine zierliche, etwas wuchernde Wolfsmilch, *Euphorbia cyparissias* 'Fens Ruby', ihre temperamentvolle orangefarbene Herbstfärbung vorführt.

Es ist ja so einfach. In jedem Supermarkt locken die schönsten Chrysanthemen. Perfektion zu niedrigsten Preisen, denen man nicht zu widerstehen braucht und die es überflüssig erscheinen lassen, je selbst Herbst-Chrysanthemen im Topf heranzuziehen. Oder doch nicht? *Chrysanthemum indicum* 'Mei-Kyo' gibt die überzeugende Antwort: Lieblich, rosalila, puffig mit gelber Mitte, wie ein Gänseblümchen-Busch blüht die Pompon-Chrysantheme im Oktober über einem dichten, kugeligen, 50 Zentimeter hohen Laubhorst. Sie ist so anders – pardon, so lebendig –, dass ich sie gern empfehle. Versuchsweise habe ich Stecklinge einer Gartenpflanze dicht nebeneinander in einen mittelgroßen Kübel gesetzt und sie zweimal im Laufe des Sommers entspitzt. Das Ergebnis ist eine helle Freude, die sich farblich ausgezeichnet in den Herbstabschied der Topf-Hortensien hineinwebt, in ihre unvergleichlichen Karmin-Spiele von Blatt und Blüte. Den Winter überstand der Chrysanthemen-Kübel ohne Schaden etwas geschützt auf einem Treppenabgang. 'Mei-Kyo' spricht durch ihren Habitus so an, dass sie gut zwischen blühenden Sommerkübeln stehen und auf ihre Zeit warten kann.

DEN FRÜHLING GRÜSSEN

Das Willkommenstöpfchen, mit *Bellis* bepflanzt, ist beweglich, leicht kann man es an schattigere Plätze wechseln und dadurch einige neue Möglichkeiten erschließen: Ein junger Efeu, eine Bergenie – zum Beispiel die Sorte 'Belvedere', die besonders kleine Blätter hat – und ein Grasknirps wie die weißgrüne Vogelfußsegge, *Carex ornithopoda* 'Variegata'.

Jetzt ist die Zeit der kleinen Töpfe! Und außerdem die allerschönste Zeit, im Topfgarten zu spielen. Nicht allein, weil im Frühling das Gartenherz noch jung ist, leicht und hoffnungsfroh, sondern weil es jetzt noch kühl ist. Töpfe erwärmen sich langsamer als im Sommer, trocknen nicht so rasch aus. Welche Wonne, ein Körbchen zu bepflanzen und in den beinahe noch kahlen Garten hinauszutragen und – auch das ist eine Möglichkeit der kühlen Witterung – mit Zweigen von der Altersform des Efeus auszuschmücken, die sich lange darin frisch halten.

Allerliebst ist auch die Geste, ein Töpfchen an einem Stab in Augenhöhe als Willkommensgruß neben die Eingangstür zu stellen. Es berühren die einfachen Blumen im angedeuteten Zweigekranz. Assoziationen an ein Vogelnest stellen sich ein, in dem die Blüte als Symbol des Lebens sich beschützt entfaltet. Deshalb ist es auch nicht gleichgültig, was man in ein solches Willkommenstöpfchen hineinsetzt: Gänseblümchen, gefüllte Schneeglöckchen, Veilchen, das getupfte *Viola sororia* 'Spreckles', Hornveilchen, klitzekleine Stiefmütterchen. Monatserdbeeren und Vergissmeinnicht sprechen auf besondere Weise das Gemüt an. Außerdem gibt es inzwischen eine anmutige Primelzüchtung, *Primula* 'Wanda', die bunt ist wie die anderen, aber in allen Teilen so zierlich, dass man sie gern haben kann. Denn auch das ist noch ein Grund für die kleinen Töpfe im Frühling: Das Gartenherz ist jetzt weit offen für bescheidene Schönheit, für stille Reize.

Den Sommer über passt zum Beispiel ein rotes Dachwurz in den kleinen Topf, der jetzt natürlich in der Sonne extrem trocken wird. Oder Steine, Muscheln, eine ausgesuchte Kugel vielleicht. Im Herbst wirken Kastanien, eine Mooskugel, eine Kette aus kleinen Äpfeln und im Winter Keramikvögel, Zapfen, Glaskugeln.

GÄRTCHEN IM KRANZ

Mindestens einen Gartentisch braucht man ausschließlich zum Spielen! Um vielleicht das Motiv des Kranzes aufzugreifen und als Zaun um einen geschlossenen Kosmos, einen *Hortus conclusus* herumzulegen. Geborgen im Rund der Zweige gedeiht eine Sammlung wunderbarer persönlicher Kleinigkeiten, die so hervorgehoben gut betrachtet werden können. Bescheidene Dinge: Zweige, Schneckenhäuser, Keramiken, Zapfen, Steine, Tonscherben, Kacheln, Früchte – hier ist der Platz für eine sich ständig wandelnde Collage. Am Ende des Frühlings werden die Töpfchen woanders unterkommen; das gefüllte Leberblümchen, *Hepatica nobilis* 'Plena', ist lange schon verblüht und die gelbe *Primula auricula* hat wahrscheinlich ihren Platz im Garten gefunden.

Dann entfaltet sich des Sommers ganze Fülle in wechselnden, opulenten Blumensträußen auf diesem Gartentisch, der sich erst zum Herbst hin wieder grundlegend verändert. Auf einmal ist der schützende Kranz aus Zweigen wieder da und darin und daneben stehen: zwei Töpfe Beeren tragender *Gaultheria hookeri*, Blauschwingel, *Festuca glauca*, Tannenzapfen, Äpfel, Zweige der Blaufichte. Und Regentrommeln, das sind kleine Töpfe aus Ton, über die man ein Blatt spannt und mit Bast festbindet wie bei einem Marmeladenglas. Wenn es regnet, kann man den Regen hören, in verschiedenen Tönen – plup – je nach Größe des Topfes – plop, plop – und Beschaffenheit des verwendeten Blattes. Krista nimmt dafür große, sich rot verfärbende Bergenienblätter, Blätter der Funkie, ehe sie ganz brüchig geworden sind, und das große Laub des Blauglockenbaumes und des Trompetenbaumes.

In einen Topf, der auch in einem Ring am Stab sitzt, hat Krista ein Nest gebaut. Es würde mich nicht wundern, wenn dies eine Metapher ist, für den Garten, für das Haus und für das Leben, das darin gelebt wird.

DER BEWEGTE FRÜHLING

Die mehrblütigen rosa *Tulipa greigii* 'Toronto' können mit auswechselbarem Container in einem Topf sitzen. Im großen Kübel im Vordergrund sind sie fest ausgepflanzt rund um *Calamintha nepeta*, die im Hochsommer duftig blühen wird, wenn das Laub der Tulpen schon lange verwelkt ist.

»... und er ist nur da ganz Mensch, wo er spielt.« *Friedrich Schiller.* Wo, wenn nicht hier, auf einer Terrasse, auf einem Balkon, findet der Mensch günstige Voraussetzungen dafür, mit Töpfen und Pflanzen zu spielen? Im umhegten Raum entfalten sich Spontaneität und Freude. Und auch die Lust, jetzt im Frühling Töpfe mit Stiefmütterchen und blühenden Frühlingszwiebeln um einen Terrakotta-Tisch und einen jungen Olivenbaum zu gruppieren. Den Buchs etwas nach vorn, die Narzissen auf eine kleine Säule, damit sie gut zu sehen sind – man kann genüsslich verweilen bei diesem Spiel.

Es ist weiter zu treiben, wenn man sich ein System von Containern und den passenden »Übertöpfen« einrichtet. Nacheinander können dann Frühlingszwiebeln ins Blickfeld geholt und nach dem Verblühen durch andere Pflanzen ersetzt werden. Meine Freude an Zwiebelblumen und am Fotografieren sind gute Gründe für eine ganze Reihe bepflanzter Container, die einheitlich einen Durchmesser von 20 Zentimetern haben. Diese Größe ermöglicht reiche Blumensträuße, außerdem können die Zwiebeln gut zwei Jahre darin auskommen, bis sie in den Garten gepflanzt werden.

Das bewegliche Spiel mit Stiefmütterchen, Mini-Stiefmütterchen und Hornveilchen sieht ähnlich aus: Ich setze sie nur selten mit anderen Frühlingsblumen zusammen, weil sie viel länger halten und zu schade sind, um vor der Zeit geopfert zu werden. Deshalb bekommt jede Pflanze ein eigenes Gefäß und entwickelt sich zauberhaft bis in den Juni. Gönnen Sie sich einige Töpfe weißer Stiefmütterchen ohne »Gesicht«! Diese Reizenden, Zarten, Feinen wirken an jeder Stelle vornehm und frisch – bei blaublättrigen Funkien wie bei nachtblauen Hyazinthen. Freuen Sie sich am Tanz der schmetterlingsgleichen Blumen aus der Serie der reizenden *Viola cornuta* 'Sorbet', zum Beispiel 'Sorbet Yellow Frost' gelb und blau; *Viola cornuta* 'Purple Duett' in rosigen Karmin-Abstufungen; dunkel, fast schwarz, 'Molly Sanders'; blau, graziös lang gestielt, 'Lady Scott'.

KLEINE GANZ GROSS

Wer keinen Tisch hat zum Spielen, der hat einen Gartenstuhl. Darauf versammeln sich spontan kleine Gemeinschaften, die gerade zueinander passen. Oder die ein Thema in kleinster Besetzung spielen: Ein üppiges *Sempervivum* gibt formal den Ton an. Frische, gelbe Blüten steuert *Sedum spathulifolium* 'Cape Blanco' bei, und ein kleines, ganz gedrungenes graurosa Polster, das *Sedum cyaneum* 'Sachalin'. Ich pflanze sie gern einzeln in einen hübschen Topf. Eines kommt zum anderen. Natürlich sind sie genauso gut in Schalen oder Trögen aufgehoben.

Das Substrat soll durchlässig und locker sein; eine Mischung von Pflanzerde, Sand, Split und Blähton verhindert, dass die Wurzeln der Dickblattgewächse nass stehen. Bilder von Hauswurzkugeln auf Mauern oder Türpfosten – sozusagen ohne Erde – ermuntern dazu, noch das eine oder andere *Sempervivum* auszuwählen: *Sempervivum arachnoideum* 'Clärchen' hat kleine weiß umsponnene Rosetten. Bei den *Sempervivum*-Sorten fallen auf: 'Flamingo' durch rotviolette, 'Granat' durch fast rote und die dunkelgrüne 'Noir' durch Rosetten mit dunkelroten Spitzen. Eine feine Besonderheit ist *Crassula sarcocaulis*. Dieses bruchempfindliche, nicht winterharte Dickblatt wächst mit graugrünen Blättchen zu einem Minibaum mit rosa Sternchenblüten. Jeder noch so kleine Zweig, der von der etwa 30 Zentimeter hohen Pflanze abbricht, bewurzelt sich.

Dagegen sind die Fetthennen entschieden robuster: Auf auf das gute alte »Oktoberle«, *Sedum sieboldii*, kann man nicht verzichten. Sein rundes Blatt mit rötlichem Rand bekommt eine krebsrote Färbung. Auch *Sedum cauticolum* 'Robustum' hängt mit karminroten Blütendolden im Herbst ansprechend über den Topfrand. Im entsprechend großen Gefäß und an sonnigem Standort sind die *Sedum*-Sorten zuverlässig, nehmen so schnell nichts übel und wirken monatelang tadellos: 'Carl', 45 Zentimeter, 'Vera Jameson', 30 Zentimeter, 'Herbstfreude', 80 Zentimeter, und 'Matrona', 80 Zentimeter, die Pflanze für das Jahr 2000.

Vor lauter Begeisterung wandert eine Topfgruppe auch schon einmal von der Terrasse in den Garten, um spielerisch Wirkungen und Wechselbeziehungen zur Umgebung auszuloten. Das helle Grün im kleinen Kübel gehört *Origanum rotundifolium*.

DER BLAUE TISCH

Strahlend weiße Blüten über silber glänzendem Blattwerk schmücken die Silberwinde, *Convolvulus cneorum*. Das reizende Zwerggehölz liebt einen warmen, sonnigen Platz.

Wir haben den kleinen Tisch neben eine Tür gestellt, um mit einem Stillleben die Blütezeit der wunderschönen 'Duchess of Edinburgh' zu feiern. Es ist eine altbekannte Clematis, die das Auge anspricht, mit subtilen, verschieden grünweißen Blüten von der Knospe bis zum völligen Aufblühen. Angelehnt an eine alte Mauer war sie im zweiten Jahr über mannshoch geworden und doch fehlte etwas zu einem wunderschönen, abgerundeten Gartenbild. Leise, feine Töne – Töpfe vielleicht? Zurückhaltend abgestimmte Metallfarben und ein nachtdunkles Blau? Das Bild wandelt sich: Eine Mauer, eine Tür, Blütenranken und ein kleines, leichtes Arrangement mit hellblauen Topf-Hortensien fügen sich zu einem Hauptmotiv zusammen. Anders als in aller Regel, in der Töpfe ihren Platz suchen und finden, fand hier ein ganz bestimmter Ort seine spielerische Ergänzung. Ob das nur Bestand hat, solange die Clematis blüht, wer weiß? Gibt es doch unendlich viele Möglichkeiten, mit kleinen Tischen zu spielen!

Auch ich nutze ein solches blaues Tischchen für Wechselspiele. Fast von selbst siedelten sich darauf zwei Topfgräser an und ein glänzender türkisfarbener Keramik-Kürbis. Was soll ich sagen? Dass ich im kommenden Jahr ein neues bewegliches Tischchen brauchen werde, nachdem das erste als wunderschöner optischer Abschluss des Weges und des Beetes sesshaft geworden ist?

Clematis übrigens kann man im großen Kübel kultivieren. Man wählt dafür nicht zu stark wachsende Typen und schafft beste Voraussetzungen: lockeres, bestes Substrat, beschatteten Wurzelbereich, ausreichend Feuchtigkeit und Winterschutz der Wurzeln. Schöne Sorten für die Kübelkultur sind: 'Königskind', violettblau; 'Haku Ookan' violettblau; 'Katharina' und 'Dawn', weiß, rosa schattiert; 'Multiblue', blau gefüllt; 'Peter Pan', weiß; außerdem *Clematis macropetala* 'White Swan', *Clematis viticella* 'Mary Rose' und *Clematis florida* 'Sieboldii', die frostfrei überwintert wird. Großblumige Arten gehören nicht in die volle Mittagssonne!

LEICHT WIE EIN SOMMERHUT

Das Spiel sei heiter und leicht! Beschwingt wie ein Sommerhut und flüchtig wie ein Augenblick. Duftig wie ein Blumenkorb sollen die Grüße sein, die den alten Brunnen und seine Rosen umschmeicheln. Stille. Anmut. Jedes Mehr würde das Verwunschene stören. Jedes fest installierte Arrangement würde die schwebende, romantische Stimmung vertreiben. Die weniger durch den Metallgitterkorb unterstützt wird, der im bewussten Kontrast zum rostigen Brunnengitter steht, als durch die Auswahl der blühenden Pflanzen: Romantisch flatternd blüht die weiße *Diascia integerrima* 'Blush', blau die ausdauernden, rankenden Glockenblumen, *Campanula poscharskyana* 'Blauranke', die man zurückschneidet, sodass sie neue Blütenranken treibt; dazu weiße Petunien und ein zierliches *Helichrysum petiolare* 'Microphyllum'. Heute träumt das Spiel an einem Mondscheinbrunnen, blau und weiß, entrückt und zart. Morgen wacht es auf und verzaubert eine Gartenbank, einen Tisch, eine Mauer vielleicht.

Blumen für romantische Blumentöpfe und Körbe zeichnen sich durch fließende Formen und sanfte Farben aus, so die Diascien, ihr Name Elfensporn sagt es schon. Die zierlichen Schönen aus Südafrika können teilweise im Garten überdauern. Im Topf werden sie als Sommerblumen behandelt. Alle Nemesien, besonders die mauvefarben blühenden *Nemesia denticulata* und die weiße, duftende *Nemesia fruticosa*. Lobelien passen ins romantische Bild. Zwerglöwenmaul, Zwergwicken, Stiefmütterchen und Hornveilchen natürlich, Vergissmeinnicht, Ranunkeln, Nelken. Das Australische und das Spanische Gänseblümchen, Verbenen, Heliotrop. Als grüne Begleitung ist das panaschierte Immergrün *Vinca major* 'Variegata' besonders malerisch.

Farblich passen für romantische Zusammenstellungen: viel Hellblau, Blau, Violett, viel Weiß, Rosa und natürlich zarte, graulaubige Blattpflanzen. Besonders geeignete Gefäße sind Körbe, Zinkwannen und blaugrau patinierte Terrakotten.

Den kleinen Terrakotta-Kasten teilen sich eine dunkle Lobelie, *Lobelia erinus*, und das Hornveilchen, *Viola cornuta* 'Lady Scott'.

DAS MALVEN-EREIGNIS

Selbst Träume sind mitunter steigerungsfähig: Großblumige Petunien können mit ihrer Blütenform das Malvenmotiv aufgreifen und in anderen Ebenen weiß oder rosa weiterspielen.

Mit Standing Ovations am Zaun, mit staunender Bewunderung bei den Gästen – ja, mit glücklichen Erinnerungen wird sie eingehen in die Chronik der Sommerterrasse. Sie war überwältigend, höher als ein Mensch groß ist, und sie blühte viele Wochen lang. *Lavatera olbia*, die Strauch-Malve aus Südwesteuropa, stellte locker die Oleander in den Schatten des Vergessens, an deren Stelle sie – ohne Transportprobleme – sommerliche Fülle und Volumen schaffen sollte.

Zuerst war ich skeptisch, ob und wie eine so schnell wachsende Pflanze mit einem so fleischig groben Wurzelwerk im Kübel gedeihen würde. Ich ließ es auf einen Versuch ankommen, den ich zur Nachahmung empfehlen möchte: *Lavatera olbia*, in englischen Gärten ein Muss, ist auch bei uns in milden Gegenden einigermaßen frosthart und in mehreren Sorten in guten Staudengärtnereien erhältlich. Stecklinge ab August garantieren den eigenen Bestand und eine kontinuierliche Verjüngung der Kübel-Exemplare. Die sich im ersten Jahr normal schön entwickeln: mit großen rosa Blüten die Sorte 'Rosea', weiß mit rosa Mitte die feingliedrigere 'Barnsley' und intensiv dunkelrosa 'Breddon Spring'. Eine Freude sind alle drei!

Gut eingepackt überstehen die Kübel den Winter im Freien in einer geschützten Ecke am Haus. In klimatisch weniger begünstigten Gegenden empfiehlt sich ein kühles, helles Winterquartier. Geschnitten wird nur, was vertrocknet oder erfroren ist. Das zweite Topfjahr der Strauch-Malven wird zum Ereignis: Früher als im Garten, bereits im Juni, beginnen die sparrig verzweigten und dabei filigran erscheinenden Büsche zu blühen, unvergleichlich, aufregend. Eines sei jedoch nicht verschwiegen: Die Pracht verlangt viel Wasser, viel Dünger und noch mehr Wasser.

Aber nur beinahe unvergleichlich. Denn das alles – mit wenigen Unterschieden – gilt auch für ein anderes Malvengewächs, den Seideneibisch, *Alyogyne huegelii*. Ja, man kann vom Zauber der großen, seidigen, violettrosa Blüten so berührt sein, dass man diesem Strauch aus Australien den Vorzug gibt; auch weil er den ganzen Sommer über blüht, allerdings nicht in so überwältigender Fülle wie die Strauch-Malven. Stecklinge schneidet man bei ihm im März, ansonsten gleichen sich die Ansprüche: vollsonniger, warmer Standort, viel Wasser, viel Dünger und noch mehr Wasser.

Doch anders als die Strauch-Malve muss der Seideneibisch frostfrei überwintern.

55

HERBSTBLAU

Welches Blau kann noch schöner sein als das des Herbst-Enzians, *Gentiana sino-ornata*? Vielleicht das Wasserblau von *Gentiana farreri*? Beide Enziane lieben feuchten, sauren Boden ohne Staunässe und sind nur vorübergehend zu Gast im Topfgarten.

Spielfreude und Dekorationslust sind Schwestern. Die eine der beiden, so scheint es, hat jedoch ein wenig den Boden unter den Füßen verloren und gefällt sich im selbstverliebten Tanz der Eitelkeiten. Sie spreizt sich in allen Farben und allen Mustern und kennt keine Grenzen. Fast könnte man glauben, sie blicke ein wenig mitleidig auf ihre Schwester, die Spielfreude. Schade eigentlich, Hand in Hand und gleichberechtigt wären die beiden ein erfreuliches Paar. Denn »das von sich her schon Ausgezeichnete«, schreibt der Große Brockhaus, »erscheint allen schöpferischen Zeiten als schmuckwürdig und bestimmt Art und Charakter der Dekoration.«

Die durch die Liebe ausgezeichneten Pflanzen sind also durchaus nicht nur für sich alleine und ohne Schmuck zu betrachten. Schauen wir doch, was Birgits Fantasie und die Freude an maßvoller Dekoration aus einem blühenden Bleiwurz-Topf machen können: *Ceratostigma plumbaginoides* ist eine wuchernde Staude, die 40 Zentimeter hoch wird und leuchtend enzianblau blüht, ab Ende August bis weit in den Oktober. Die Farbe wird Programm: Nachtblau ist der ausgewählte Topf, nachtblau eine ergänzende Vase, nachtblau die Blüten des *Solanum rantonnetii* im Hintergrund. Hierher passen die leuchtend blauen Blüten von *Commelina tuberosa*, die auf Seite 104 im Bild gezeigt wird.

Als witziger Kontrast in der Komplementärfarbe Gelb spielt das gemalte Zitronenmotiv der Vase mit einigen Keramik-Zitronen. Das Herbstblau, überraschend, intensiv, es lässt sich weiterdenken: Jetzt blühen an Gehölzen für den Kübel einige Säckelblumen, zum Beispiel *Ceanothus* 'A. T. Johnson' mit Blütezeiten im Frühling und im Herbst. Die Bartblume, *Caryopteris × clandonensis* 'Grand Bleu', der Mönchspfeffer, *Vitex agnus-castus*, und verschiedene Heben. Und dazu immer noch der enzianblaue Bleiwurz, der sich als Zugabe später rotlaubig verfärbt. Ähnlich attraktiv, wuchernd und deshalb auch sicherer im Topf aufgehoben, ist die buntlaubige Staude *Houttuynia cordata* 'Chamaeleon'.

AUF DEM STUHL

Es gibt auch eine zartrosa blühende Nachtkerze, die breit lagernd wächst und sich somit sehr schön dafür eignet, über den Rand eines Gefäßes hinauszuwachsen: *Oenothera speciosa* 'Siskiyou'.

Was hat sich da nicht alles auf einem Gartenstuhl zusammengefunden: eine Wolfsmilch, ein Gras, der Ableger einer Sukkulenten aus der Toskana und ein graublättriges Löwenmäulchen. Kleine Kostbarkeiten, ganz normale Pflanzen. Auf einem anderen Stuhl könnten eine Duftpelargonie und eine Nelke stehen, eine Fetthenne und eine Echeverie. Stünde der Stuhl im Halbschatten, wären vielleicht eine zwergige Funkie, ein kleines Gras, ein Porzellanblümchen und ein dunkellaubiger Schlangenbart darauf zu betrachten. Ganz normale Pflanzen, kostbar geworden durch die persönliche Auswahl.

Eigentlich gibt es wenig unüberwindliche Grenzen dafür, eine Pflanze zumindest zeitweise im Topf zu hegen und zu pflegen. Fast alles ist möglich. Selbst Bäume können eine Zeit lang in einem Kübel gedeihen; selbst die Weinrebe, die ihre Wurzeln sonst metertief in den Boden schickt, kann im Topf Früchte tragen. Die Begrenztheit im Gefäß – räumlich und zeitlich – ist kein Grund auf eine Möglichkeit zu verzichten. Ja, sogar ein kaputter Topf hat Raum genug für eine wilde Blume. Ungebärdig, voller Leben – was macht es für einen Unterschied, ob die *Oenothera* 'Greencourt Lemon' für einen Sommer blüht oder für die Ewigkeit? Irgendwie ist sie sowieso unsterblich. Sei es auch nur als kraftvolles Beispiel dafür, dass ein Gefäß ein Symbol ist, in dem sich seit alters her Werden und Vergehen im Gleichnis vollziehen.

HERBSTBEEREN

Der Herbst-Topfgarten spielt mit glänzenden Beeren: rot, orange, gelb, rosa, weiß; rund und länglich; drall und knubbelig. Viele Wochen lang sehen die immergrünen Korallenbäumchen im Blumentopf knackig aus.

Solanum pseudocapsicum und *Solanum capsicastrum* kommen aus Madeira und Brasilien und werden normalerweise als Saisonpflanzen behandelt. Doch sie sind so entzückend, dass zumindest die Möglichkeit erwogen werden sollte, sie langjährig zu kultivieren. Das Winterquartier ist hell und kühl, ab Februar bis Oktober wollen die Pflanzen sehr warm stehen. Im Sommer mögen sie reichlich Wasser und jede Woche Dünger. Ab dem Herbst haben sie eine Ruhephase. Im Frühjahr, beim Umpflanzen, wird zurückgeschnitten.

Die Sorte 'Joker' ist besonders farbenfroh, erst gelb, dann orange; 'New Paterson' hat kirschförmige orangerote Früchte. *Solanum melongena* 'Sensation', die Zieraubergine, kann man aus Samen heranziehen. Sie wird 65 Zentimeter hoch; ihre Früchte variieren von Weiß über Orange bis zu leuchtendem Scharlach. Ebenfalls einjährig lässt sich der Zierpaprika, *Capsicum annuum*, ziehen; besser noch erwirbt man ihn vorgezogen. Lustig wie ein Harlekin wirken die länglichen bunten Früchte der Sorte 'Fiesta'; bei 'Peruvian Purple' ist die ganze Pflanze violett getönt.

Schließlich noch das Korallenmoos, *Nertera granadensis*, aus den Anden. Es mag hell und kühl stehen und darf niemals austrocknen. Bei guter Pflege halten die erbsengroßen, korallenroten Früchte bis in den Winter. Bei uns wird es als Zimmerpflanze kultiviert.

Sie alle eignen sich nicht für frostige Zeiten. Wohl aber die immergrüne Torfmyrte *Gaultheria mucronata* aus Südamerika. Sie wird meist als Saisonpflanze gezogen, mit sehr ansprechenden Sorten, zum Beispiel 'White Pearl', 'Cherry Ripe' und 'Pink Pearl' sowie *Gaultheria procumbens* mit lackroten Beeren und weinroter Blattfärbung.

Die Zwergsträucher mögen feuchten, sauren Boden und Sonne bis Halbschatten. Sie sind ideal für gemischte Herbstkübel.

So unkompliziert geht es auch: Kleine Äpfel schmücken eine immergrüne *Vinca*, die in einem schlichten Eimer wächst.

KÜRBIS & CO

Aus kleinen Holzäpfeln lassen sich Ketten bilden, die einen herbstmüden Blumenkasten wieder aufmuntern. Eine Alternative: Kastanien.

Wie der Frühling so bietet auch der Herbst die Chance der kühlen Witterung. Jetzt kann man wieder Zutaten mit einbeziehen, die im heißen Sommer innerhalb weniger Stunden vertrocknet wären: schön gefärbte Blätter, Beeren, Efeuranken. Leichte, vergängliche Spiele, die mit den Herbstwinden verwehen und doch jetzt noch soviel Vergnügen bereiten. Ein Nest aus Efeuranken, ein Efeukranz und ein Kranz aus Hagebutten. Ein Topf mit einem Kürbis, efeugrün umschlungen.

Dieser Kürbis-Topf wird für Wochen zum Blickfang auf dem Terrakotta-Tisch, auf dem die feine lila Sommerblume *Sutera hispida* noch immer voll blüht und Heidetöpfe noch einmal für flächige rosige Farbe sorgen. Seltsam, die beiden Metalltöpfe standen lange nur herum. Zum Bepflanzen schienen sie irgendwie unpassend. Außerdem, würden Pflanzenwurzeln darin nicht zu heiß werden? Dem großen Runden aber sitzen sie wie angegossen. Spontan, herzerfreuend und der beste Beweis dafür, dass man einen Fundus auch an scheinbar nutzlosen Gegenständen braucht – einen Fundus an Zierkürbissen vor allem! Sie sind einfach nur schön, und es macht Freude, das dralle Bild der Ernte mit Kürbissen in immer neuen Farben und Formen und Zeichnungen auszuschmücken. Kürbis-Bilder halten lange, auch im Freien, und sie werden ergänzt durch Zierkohl, Herbst-Chrysanthemen, Erika. Sehr schön lässt sich eine Kürbis-Sammlung auch in einer Terrakotta-Schale präsentieren.

Wer Lust hat, kann sogar seine eigenen Zierkürbisse an einem warmen Platz in Kübeln heranziehen. Vielleicht als schnell rankendes einjähriges Gewächs? *Cucurbita pepo* 'Bicolor' fruchtet mit weißen und gelben Bällen; 'Kronen Mixture' erinnert an kleine Kronen in sehr verschiedenen Farben. Sie werden im April ausgesät und haben einen hohen Nährstoff- und Wasserbedarf.

HERBSTFEST AUF DEM TISCH

Die Erdbeere – wie das Veilchen bedeutet sie die Demut der wahrhaft Rechtschaffenen. Zart und reizend schmückt sie das Wiesenstück zu Füßen der »Mutter Gottes in der Rosenlaube« von Stefan Lochner, um 1448.

Herbstfinale im Tischgarten. Bewährte Kameraden sind das hohe *Sedum telephium* 'Herbstfreude', das niedrige *Sedum sieboldii* im Vordergrund, Zierkohl, *Brassica oleracea* und eine Erdbeere, *Fragaria × ananassa*, im Long Tom. Von allen Beteiligten, die jeweils im eigenen Gefäß sitzen, ist die Erdbeere die große Überraschung. Eigentlich von Fotoaufnahmen übrig geblieben, dankt sie ihr Hausrecht in einem Topf mit zahlreichen Ausläufern und einer lebhaften, glänzenden Herbstfärbung. Namenlos, den Sommer über wenig beachtet, eröffnet die gewöhnliche Erdbeerpflanze jetzt im Herbst ein reizvolles Thema, zu dem auch rosa und rot blühende Ziererdbeeren gehören: *Fragaria* 'Panda' und 'Red Ruby', Kreuzungen zwischen Erdbeere und Fingerkraut, zeigen die gleichen gefälligen Wuchseigenschaften und intensiven Blattfärbungen. Doch weil süße Früchtchen auch nicht zu verachten sind, pflanzt man vielleicht Ranken bildende Hänge-Erdbeeren, zum Beispiel die Sorte 'Temptation', in einen Long Tom, einen Kasten oder in eine Ampel und wässert und düngt regelmäßig.

Von anderer Art, buschig und zierlich, bezaubern im Topf Monatserdbeeren, *Fragaria vesca*. Blätter, Blüten und Früchte sind anmutig wie bei den Walderdbeeren der Kinderzeit oder wie auf alten Zeichnungen. Ich bepflanze damit meine Rosen-Kübel; beide scheinen das zu mögen. Und es gibt noch etwas Feines: *Fragaria vesca* 'Yellow Wonder'. Nicht nur als Blattpflanze mit besonders frisch hellgrünen Blättern überzeugt diese Monatserdbeere: Sie hat cremegelbe Früchte, die alle ausreifen können, weil die Amseln einfach nicht glauben können, dass sie genauso süß sind wie die roten!

An dieser Stelle sei der herbstschöne Flügel-Spindelstrauch als möglicher Hintergrund nicht vergessen. *Euonymus alatus* bietet drei Attraktionen: korkige Rinde, früh austreibendes hellgrünes Sommerlaub und eine leuchtende karminrote Herbstfärbung. Er wächst nicht zu rasch, ist ein gutes Kübelgehölz für sonnige Standorte und wirkt besonders attraktiv im Gegenlicht. Außerdem kann er den Winter problemlos im Freien verbringen.

PLUMBAGO GRÜSST GARTEN

Wer sagt denn, dass nicht auch Sommerblumen sich harmonisch in bestehende Gartenbilder einfügen können? Die rauchig violettweiße Petunie (Surfinia) 'Blue Vein Surfina' rieselt aus ihrem Kübel in den Garten; sie legt sich zwischen graulaubige Stauden, ist unentbehrlich.

Der Sommerüberschwang im Garten hat seinen Höhepunkt überschritten. Verblüht sind die meisten Rosen. Eine gewisse Enttäuschung könnte sich einschleichen – gäbe es nicht wunderbare blühende Solitärpflanzen im Kübel. So ein Bleiwurz aus Südafrika, *Plumbago auriculata*; er vermag einen kleinen Gartenhof zu beherrschen und jede Augustflaute daraus zu vertreiben. Als Hochstamm überragt er Stauden und Gräser um sich herum und ist doch kein Fremdling, so gefällig schwingen seine Zweige, so selbstverständlich grüßen ihn der Stauden-*Agapanthus* und die Blüten der Funkie. Er mag es warm und sonnig, umso zuverlässiger wird er vom Spätsommer an sein unnachahmliches, kreidiges Hellblau wiegen, umso steter, je aufmerksamer man Verblühtes entfernt. Eine kleine Mühe im Verhältnis zu der begehrten Farbe Blau im Garten. Oder zur leichten Helligkeit der selteneren weißen Kulturform.

Bleiwurz kann hängen, ranken, klettern, ist im besten Sinne verbindlich. Es gibt noch einige ähnlich integrationsfähige Kübelpflanzen, die gerade im kleinen Garten – entweder als Hochstamm oder frei wachsend – eine tragende Sommerrolle übernehmen können. Dazu gehören: der violettblaue Kartoffelstrauch, *Lycianthes rantonnetii*; der schlingende Nachtschatten, *Solanum jasminoides*, und der schlingende, duftende, weiße Jasmin, *Jasminum officinale*, die beide ein stabiles Klettergerüst brauchen; und der rote Hammerstrauch, *Cestrum elegans*.

Besonders zart wirken zwei Malvengewächse: der Seideneibisch, *Alyogyne huegelii*, und die Scheinmalve, *Anisodontea capensis*, die man sich gern zwischen Gräsern und leichten Sommerblumen vorstellen mag. Auch ein drittes Malvengewächs kann man getrost in den Garten tragen: Die *Abutilon*-Hybriden fügen sich heiter in die bunte Blumenwelt ein und ziehen mit hängenden roten, weißen oder gelben ungefüllten Glockenblumen an überhängenden Sträuchern die Aufmerksamkeit auf sich. Alle diese sonnenliebenden, nicht winterharten Gehölze blühen bei guter Pflege sehr lange.

TERRASSENGLÜCK

Auf der sonnigen Terrasse ist Integration kein Thema. Stolz und prächtig zeigt die Schmucklilie, *Agapanthus praecox*, zu welch imposanter Kübelpflanze sie sich entwickeln kann. Wie lieben wir ihr Blau! Daneben links im Bildhintergrund beginnt ein junger Mönchspfeffer, *Vitex agnus-castus*, zu blühen. Zum ersten Mal begegnete mir dieser Strauch ausgepflanzt in einem Garten in der Schweiz. Dort beherrschte er ein Herbstmotiv mit verschieden hohen Fetthennen, Astern und Gräsern. Er begeisterte mich mit seinen dunklen blaugrünen Zweigen, Blattstielen und Blättern und langen violettblauen Blütenrispen. Obwohl schon beinahe mannshoch, wirkte er auf mich ein bisschen wie ein riesiger Sommer-Salbei.

Die zweite Begegnung war noch überwältigender: In einer Baumschule wurde eine größere Anzahl ansehnlicher Sträucher Mönchspfeffer präsentiert, zusammen mit wieder voll blühenden rosafarbenen Englischen Rosen. Miteinander wirkten sie zum Haben-wollen schön. Warum nicht? Der im Mittelmeerraum heimische, an sich robuste Strauch braucht einen warmen, geschützten Standort; kann man ihm diesen nicht bieten, wächst er sicherer im Kübel. Apart: Der Mönchspfeffer galt einerseits als Symbol der Keuschheit und andererseits als wirksames Aphrodisiakum; seine Blätter benutzte man zur Wundbehandlung.

Von einem anderen Gehölz möchte ich noch erzählen: Im Stadtgarten von Überlingen steht in der Erde eingeschlagen neben verschiedenen nicht harten Gehölzen ein faszinierender kleiner Baum: *Clerodendrum ugandense*. Das Einzigartige daran sind weit verzweigte Blütenrispen mit kleinen violettblauen Blüten, die aussehen wie kleine Schmetterlinge. Wahrscheinlich ist dies keine Kübelpflanze zum Haben. Aber etwas Wunderbares zum Freuen!

Auffallend glühend blüht das sonnenliebende *Epilobium* 'Western Hills' neben den *Agapanthus*-Kübeln, und zwar vom Hochsommer bis lange in den Herbst.

WENIGER IST MEHR

Das nicht winterharte *Pennisetum setaceum* 'Rubrum' weckt schon in einer Saison Aufmerksamkeit und Interesse. Kühl und frostfrei überwintert mausert es sich zu einer rasanten Kübelpflanze. Versuchen Sie es!

Das Besondere an diesem Ensemble ist das Beschränken der Farben: Braun und Grün. Mauerwerk und Töpfe sind sich beinahe selbst genug und durchspielen alle Nuancen von Braun, Ocker, Terrakotta, Grau und Rosa. Dagegen setzen Solitär-Kübelpflanzen uriges, flächiges Grün in verschiedenen Abstufungen: Hell glänzt eine Buchskugel, *Buxus sempervirens* 'Suffruticosa', tief dunkelgrün eine kegelförmig geschnittene Steinlinde, *Phillyrea latifolia* 'Buxifolia', und rechts ein Klebsame, *Pittosporum tobira*.

Gräser greifen den Farbklang auf: Lichtes, helles Grün wedelt im Diamantgras, *Stipa brachystrichum*, später wird es rosigbraun. Braunrot und Braun schwingen im Lampenputzergras, *Pennisetum setaceum* 'Rubrum'. Einzig die orangefarbenen Samenfrüchte der Lampionblume, im Gitter zum Trocknen angeordnet, leuchten einen kecken floralen Akzent ins unbunte Bild. Es lebt von dem, was jede Einzelheit des Ensembles zum Ganzen beiträgt.

Im Alltag des Topfgärtners ist nichts perfekt. Irgendetwas – Pflaster, Mauersockel, Geländer – stört immer und schon liegt die Versuchung nahe, solche Schwachstellen durch schäumendes Kunterbunt zu kompensieren. Das muss nicht sein. Um im unbunten Bild zu bleiben: Besser als Pflanzen mit klaren Konturen können locker verzweigte Formen neuralgische Punkte überspielen. Elegant wirken: der Cham-Bambus *Fargesia nitida* 'Nymphenburg', ein 250 Zentimeter hoher, weit schwingender Solitär mit dicht stehenden, schmalen Blättern; der Schwarzrohrbambus, *Phyllostachys nigra*, im Jugendstadium lichtgrün, 300 Zentimeter hoch und überhängend. Beide überwintern im Freien und vertragen Sonne und Halbschatten.

Zwei ausgefallene Beispiele: Die grünweiß panaschierte japanische Weide, *Salix* 'Hakura Nishiki', kann ein farblich zurückhaltendes Bild auffrischen und interessant verfremden. *Abutilon megapotamicum* 'Thompsonii', die buntblättrige Schönmalve, sehr lebendig mit ihren großen, ahornähnlichen, gelbgrün gesprenkelten Blättern, wird 150 Zentimeter hoch und muss frostfrei überwintern.

ZUSAMMEN-GEPFLANZT

FRÜHLING IM KASTEN

Schöne Frühjahrspflanzen: Zwiebelblumen natürlich und Gänseblümchen, Ranunkeln, Stiefmütterchen, Goldlack, Vergissmeinnicht, Primeln. Begleitet werden sie von Islandmohn, Walzenwolfsmilch, Gräser, Veilchen, Tränendem Herz und Schlüsselblumen.

Die Freude am Spiel und an Veränderung kann sich mit einzelnen Pflanzen im Topf aufs Schönste ausleben. Schwieriger wird das bei Zusammenpflanzungen. Sie sind nicht spontan, sondern gehen von einer Vorstellung, einer Idee aus. Sie sind eingebunden in die Zeit, die – wenn wir Glück haben – in unserem Sinne arbeitet oder aber alle guten Absichten hinwegwischt. Fast könnte einen der Mut verlassen, viele verschiedene Pflanzen mit unterschiedlichen Ansprüchen eng auf Gedeih und Verderb zusammenzusetzen. Am leichtesten gelingt es, wenn das Arrangement nur eine Saison lang halten soll; doch auch hier kommt es auf ein Gleichgewicht der Kräfte an: Weihrauch, *Plectranthus forsteri* 'Variegatus', kann bis zum Herbst schwächere Partner völlig unterdrücken, sich aber zusammen mit Hänge-Geranien ausgewogen entwickeln.

Gärtner müsste man sein! Ewald Hügin ist Staudengärtner mit Erfahrung, Liebe und Experimentierlust. Deshalb sind die Beispiele, die er für uns angepflanzt hat, voller Fantasie und Anregungen. Zuerst fällt die unbekümmerte Kombination von Saisonpflanzen und Stauden auf. Irgendwo wird später, wenn die Stiefmütterchen verblüht sind, ein Platz zu finden sein für den Schnittlauch und die Petersilie. Im Kasten auf dem großen Bild sitzen an Stauden: eine Edelraute, *Artemisia schmidtiana* 'Nana', ihres feingrauen Laubes wegen, und ein panaschiertes Immergrün, *Vinca major* 'Variegata'; zu ihren hübsch belaubten Ranken kommen himmelblaue Frühlingsblüten. Auch das *Erodium pelargoniiflorum* wird den Sommer über noch einmal eine andere Aufgabe übernehmen. Jetzt tupft es helle zarte Blumen zwischen violette und rosa Stiefmütterchen und den hängenden Goldlack, *Erysimum maritimum*. Diese bezaubernde, leider nicht winterharte Neuentdeckung blüht bis zu den Rosen. Im Kasten auf dem kleinen Bild begleiten ein weiß blühender Schnittlauch, Goldpfennigkraut, *Lysimachia nummularia* 'Aurea', Rauke und Petersilie die gelben und violetten Stiefmütterchen.

DER SOMMERKÜBEL

Schon eine einzige Pflanze der duftigen *Diascia cordata* 'Coral Belle' kann einen hängenden Kübel füllen. Diascien mögen sonnige Standorte, gedeihen aber auch gut im lichten Halbschatten.

Die Idee: Dunkle und graue Blattpflanzen sollen sich innig und kontrastreich mit einem duftigen Blütenschleier mischen. Obwohl das Ergebnis die dunklen Schönheiten etwas vorteilhafter ins Bild rücken könnte, ist die hohe Schwarznessel *Perilla frutescens* 'Nankinensis' recht gut zu erkennen – eine bemerkenswerte Blattpflanze und ein außergewöhnliches Küchengewürz dazu. Schade, dass die einer Tradeskantie ähnliche *Setcreasea pallida* 'Purple Heart' sich etwas zögerlich verhält, denn ihre blauvioletten, glänzenden Blätter sind sehenswert. Insgesamt ist im Laufe des Sommers ein duftiger Strauß entstanden, schön bis zum Frost. Auch die kleinblättrigen grauen Strukturpflanzen, *Helichrysum petiolare* 'Microphyllum', haben sich erwartungsgemäß entwickelt und mit den beiden Blütenpflanzen verwoben, mit der rosa *Diascia vigilis* und der mauvefarbenen *Nemesia denticulata*. Ohne die Schwarznessel könnte man sich die Zusammenstellung auch als Hängeampel, als Hanging Basket vorstellen. So oder so, für gemischte Pflanzungen rät Ewald Hügin zu Einheitserden, zu gleichmäßiger Wasserversorgung und zu ausreichenden Düngergaben; man soll rechtzeitig im Mai pflanzen und stark wachsende Pflanzen gelegentlich zurückschneiden.

Am Substrat nicht zu sparen, kann Überwindung kosten. Ich mische seit einiger Zeit zusätzlich Blähton unter und bin glücklich, wie gut das den Pflanzen bekommt, wie selten ein Topf »vermatscht«.

Einige Favoriten für bunte Sommerpflanzungen in der Sonne sind: *Agastache aurantiaca*, *Alonsoa meridionalis*, *Alyssum maritimum*, *Antirrhinum majus* 'Black Prince', *Brachycome multifida*, *Diascia*, *Erigeron karvinskianus*, *Heliotropium arboreum*, *Lobelia erinus*, *Sutera hispida*, *Nemesia*, *Fragaria* 'Red Ruby'.

Für den Halbschatten eignen sich: *Begonia × fuchsioides*, *Impatiens walleriana*, *Nemesia*, *Vinca*, Fuchsien panaschiert: zum Beispiel 'Sharbitor', *Heuchera*, *Lamium maculatum* 'Beacon Silver', *Hakonechloa macra* 'Aureola', *Hedera helix*, *Tolmiea menziesii* und die Buntnessel, *Solenostemon scutellarioides*.

FLAMMENDER SOMMER

Selbstverständlich lassen sich die »Fischkistengärten« Ewald Hügins in jedes andere, ähnlich geräumige, »schöne« Gefäß übertragen. Einen Tipp: Interessant für so üppige Kombinationen sind immer auch Buntnesseln, *Solenostemon scutellarioides*; es gibt diese einjährigen Strukturpflanzen in unendlichen Farbvariationen.

Es gibt ein Wachsen, so vital und raumgreifend, dass der Pflanzkübel völlig zugedeckt und unwichtig wird. Hauptsache, er ist geräumig. Dann kann es auch schon einmal eine Fischkiste sein. Ewald Hügin schätzt sie sehr, und es verblüfft den staunenden Betrachter, welch vehemente Vegetationsbilder aus diesen stabilen, etwa 70 × 40 × 20 Zentimeter großen Kisten aus Hartschaumstoff herauswachsen können.

Blühende Gärten. Ein orangefarbener Garten, fröhlich dominiert von einer *Agastache aurantiaca*. Wir kennen und schätzen die Duftnessel als strukturbildende Staude. *Agastache rugosua* zum Beispiel setzt mit straffem Aufbau, violettbraunem Laub und dunkelvioletten Blütenrispen schöne Akzente ins Herbstbeet.

Doch freuen wir uns darüber hinaus an einer ganzen Reihe attraktiver Formen und Sorten – obwohl sie nicht oder nicht zuverlässig winterhart sind –, denn sie bringen frischen Wind, neue Farben und neuen Duft in den Topfgarten! Keckes Apricot-Orange kombiniert mit graugrünem Laub gehört zu *Agastache* 'Firebird' und *Agastache aurantiaca*, Purpurrot zu *Agastache barberi* und *Agastache cana*. Dazu passen wie gemalt die orangeroten Blüten von *Zinnia* 'Profusion Orange' oder *Tithonia rotundifolia* 'Fiesta del Sol'. Es ist die kompakteste Sorte auf dem Markt; sie wird nur 50 Zentimeter hoch, beansprucht aber zur guten Entwicklung ausreichend Pflanzraum. Fischkisten eben! Da ist dann sogar noch Platz für das feine graue Laub und die gelben Knopfblüten von *Helichrysum apiculatum* und für den hängenden, fein graulaubigen *Lotus berthelotii*, der nicht nur mit seinen orangegelben Zungenblüten in das Farbkonzept passt, sondern auch das allerletzte Stückchen Schaumstoff gründlich zudeckt.

BLATTFEINHEITEN

Einen solch hübschen Blatt-Teppich weben *Helichrysum petiolare* 'Limelight', eine kleinblättrige Fuchsie und ein dunkellaubiges Fleißiges Lieschen, *Impatiens walleriana*.

In einem Fischkasten, einer Arche Noah üppigen Wachstums, verschlingen sich Pflanzen zu einem auffallenden Blattgemälde. Gefiedert, glänzend, grün, blaugrün, graufilzig – es bedarf der Blüten nicht mehr. So verweben sich nur die feinen Stiele der Prachtkerze, *Gaura lindheimeri*, mit den blattgewaltigen Gestalten und tupfen zarte, weiße Blüten, leicht, schwebend, als umflirrten kleine Schmetterlinge das Ensemble, das für einen sonnigen Standort konzipiert ist.

Ganz im Vordergrund die graupelzigen Blätter einer Duftpelargonie, *Pelargonium tomentosum*. Sie sind streichelweich und duften beim Reiben intensiv nach Zitrone. Die lila Blütenkospen dazwischen gehören nicht dazu, sondern zu einer Verbene.

Tief dunkel, violettgrün, jedes Blatt apart gekerbt, das ist *Plectranthus rubropunctatus*. Im Laufe des Sommers werden die neonvioletten Reflexe auf dem Laub deutlicher und bilden dann einen noch aufregenderen Kontrast zu den hell graugrünen, geteilten, gezähnten und bereiften Blättern des Honigstrauches, *Melianthus villosus*, ganz oben im Bild. Dieses attraktive Laubgehölz ist beinahe ein Thema für sich: Man kann es wie hier für eine Saison in eine Komposition einbinden. Oder man behandelt es als Solitär-Kübelpflanze, um sich an seiner tropischen, dabei leichten Erscheinung zu erfreuen. Hell und kühl wird das frostempfindliche Gehölz überwintert. Im Kübel kann es mit der Zeit etwa 150 Zentimeter groß werden.

Der Honigstrauch ist auch mit Halbschatten zufrieden; deshalb hier der Entwurf einer ähnlich vehementen Blattkombination für einen teilweise beschatteten Standort: *Begonia* × *fuchsifoliosa* 'Vesuv' mit glänzend grünen Blättern und leuchtend roten Blütentrauben; *Coleus*, rotviolette Typen; *Fuchsia* 'Thalia', buschig mit stumpfgrünen Blättern und rot-orangefarbenen Blüten; *Heuchera* 'Stormy Seas' mit silbrigweiß-grün marmoriertem Laub und *Plectranthus* 'Nico', eine ebenfalls sehr attraktive braunrote Blattpflanze.

HERBST IM KASTEN

Eine überreich blühende Herbst-Chrysantheme und ein besonderer Terrakotta-Blumenkasten ergänzen und steigern sich in ihrer Schönheit, die erst strenger Frost beenden kann.

Im Herbst ist alles anders: Die Pflanzen, die sich für die nächsten Monate in Kästen und Kübeln zusammenfinden, wachsen nun nicht mehr oder nur sehr wenig. Weil deshalb die Zusammenstellungen im Grunde statisch sind, kann man wie zu keiner anderen Jahreszeit ungeniert nach rein floristischen Gesichtspunkten arbeiten. Selbst Sonne und Schatten haben ihre einschränkende Kraft verloren; was jetzt gefällt und noch für eine Weile gut aussieht, wird sich auch zusammengepflanzt vertragen.

Silbergraue Blattpflanzen sind noch lange, bis zum ersten strengen Frost, schön, *Helichrysum italicum* auch darüber hinaus sowie viele Gräser. Der bunte Günsel, *Ajuga reptans* 'Burgundy Glow', mit grünen, weißen und roten Blattfärbungen. Die September-Fetthenne, *Sedum cauticolum,* verfärbt purpurrosa Blüten später in ansehnliches Braun. Der Schlangenbart *Ophiopogon planiscapus* 'Nigrescens' bildet sein Laub grasartig und etwas schwarz.

Einen ausgezeichneten Winteraspekt bieten Purpurglöckchen, *Heuchera*-Sorten, zum Beispiel 'Regina', rötlich, schön gewellt und 'Chocolate Ruffles', schwarzrot, gekraust. Eine Stauden-Chrysantheme, *Anjania pacifica* 'Bess', gehört zu diesen herbstschönen Pflanzen. Sie wird nur etwa 50 Zentimeter hoch und blüht mit kleinen zartgelben Margeritensträußen. Begleitet wird sie im Blumenkasten von zwei Gräsern, von *Pennisetum alopecuroides* 'Hameln' und dem sehr dankbaren *Acorus gramineus* 'Ogon', von einem graublättrigen Wermut, *Artemisia* 'Powis Castle', sowie von einem grünsilbrigen Efeu (auf dem Bild nicht mehr sichtbar). In einem anderen Kasten kombiniert Ewald Hügin einen weißgrünen Zierkohl mit einer weiß blühenden Pompon-Chrysantheme, mit Efeu und der bizarren weißgrauen *Senecio viravira* als hellen Blattschmuck. Eine dritte Komposition verbindet einen Palmkohl mit *Juncus effusus* 'Spiralis', der aparten Korkenzieherbinse, und dem attraktiv gelbgrünen *Acorus* und weiß blühender Schneeheide. Nicht vergessen: Die kleinen grünen oder graublättrigen Büschlein der Strauchveronika!

GEHÖLZE, NICHT WINTERFEST

GRÜNE STRUKTUREN

Auch der Palmfarn, *Cycas revoluta*, kommt aus Japan und Südostasien. Er gehört zu einer sehr alten Pflanzengruppe, die vor etwa 130 Millionen Jahren weit verbreitet war. Heute ist er ein dekoratives, sehr langsam wachsendes Kübelgehölz, das im Sommer leicht beschattet und im Winter kühl und hell stehen möchte.

Kübelgehölze verkörpern Dauer: Sie können uns über Jahrzehnte begleiten und dabei ans Herz wachsen, doch mit ihnen umzugehen erfordert körperliche Kraft und hängt auch von einer vernünftig zu handhabenden Überwinterung ab.

Kübelgehölze verkörpern Raum: So wie ein Garten ohne Bäume und Sträucher flach und leer wirkt, so ist ein Topfgarten ohne das eine oder andere stattliche Gehölz beliebig und unbehaust.

Kübelgehölze verkörpern Mitte. Um einen einzigen Rosenstrauch kann sich eine ganze Schar von Töpfen wie selbstverständlich versammeln. Um ein Olivenbäumchen fühlt sich eine Gesellschaft mediterraner Pflanzen beinahe daheim.

Gehölze in Kübeln schaffen Atmosphäre, die verfremdet sein kann, ein wenig exotisch, südlich verführerisch oder vertraut wie ein Garten. Streng kann ihre Haltung sein, ernst, würdevoll oder ausgelassen wie ein Tanz.

Zwei Schirmtannen flankieren eine Tür. Symmetrisch und doch nicht offiziell. Dazu ist ihr Habitus zu locker, ihr frischgrünes Nadelwerk zu quirlig. *Sciadopitys verticillata* kommt als einzige Art ihrer Gattung aus Ostasien und ist dort im freien Stand ein großer, immergrüner Baum. Bei uns verlangt das exquisite Gehölz entweder einen warmen, vor Wintersonne geschützten Standort im Garten, im lockeren, nahrhaften aber kalkarmen Boden. Oder einen Platz als relativ seltene, noch zu erforschende Solitärpflanze in einem geräumigen Kübel. Den Sommer über scheint sie unkompliziert; sie fühlt sich sogar an sehr schattigen Plätzen wohl; ihr Anspruch an regelmäßiges, kalkfreies, zumindest gut abgestandenes Gießwasser lässt sich realisieren. Jedoch den Winter über muss die Japanische Schirmtanne unbedingt hell, luftig und kühl stehen; allerdings gehört sie zu den Gehölzen, die erst bei Dauerfrost eingeräumt werden müssen.

SONNE PUR

Der Eukalyptus, *Eucalyptus gunnii*, hat eine völlig andere Ausstrahlung. Zwar wirkt auch er fremdartig, aber seine blausilbernen, rundlichen Jugendblätter – später werden sie lang und schmal – signalisieren Sonne, Wärme, Trockenheit und südliches Flair. Doch das könnte in die Irre führen. Als absoluter Tiefwurzler an Grundwasser gewöhnt, darf Eukalyptus in der Kübelkultur niemals austrocknen! Es muss im Sommer reichlich und konsequent mit kalkfreiem Wasser gegossen und dabei zurückhaltend gedüngt werden. Sein ideales Winterquartier ist der kühle Wintergarten. Ist dies gewährleistet, prägt das attraktive Myrtengewächs wie kaum ein anderes Gehölz sein Umfeld. Flirrendes Licht glitzert in seinen blauen Zweigen, beschwört Bilder von weißen Innenhöfen, blauen Lavendelgärten, mediterranen Topfpflanzen. Silberweiß, blau, weiß und pink sind seine Begleiter: Zistrose, Salbei, Strohblume, Atlasdistel, Mittagsblume, Blaue Mauritius, Heliotrop, Verbene.

Ich möchte Ihre Aufmerksamkeit noch auf einige Favoriten lenken: Auf die immergrüne *Myrsine africana* zum Beispiel, ein hübsches Blattgehölz, das einer Myrte ähnelt. Auf die Brautmyrte, *Myrtus communis*, ein feingliedriges, immergrünes, varietätenreiches Kübelgebüsch, das man schneiden kann wie einen Buchsbaum. Noch immer spiegelt diese Pflanze der Aphrodite einen feinen Glanz der Bedeutung wider, die sie einst bei den alten Griechen in Mythen und Brauchtum hatte. Myrtenduft bedeutete Glück. Im Mai, Juni sind die hellgrünen Büsche überschüttet mit kleinen weißen duftenden Blumen.

Ausgesprochen opulent wirkt dagegen der Chilenische Jasmin, *Mandevilla laxa*. An einer Stütze oder Rankhilfe entfaltet der Kletterer rasch sommergrüne Üppigkeit, überblüht von Trauben aus großen, weißen, duftenden Blumen. Man kann im Herbst weit zurückschneiden und dann sogar recht dunkel überwintern.

Die Olive, *Olea europaea*, ist schließlich fast ein Muss für Liebhaber südlicher Bilder, und Interesse verdient *Polygala myrtifolia*, eine im Charakter dem Eukalyptus ähnliche Pflanze.

In flachen Keramikschalen zaubern Wasser, Spiegelungen und Blüten die abwechslungsreichsten, kurzweiligsten Bilder; Sternbilder aus blauen Blumen des Kartoffelstrauches, Seerosen-Bilder aus Blüten gefüllter Stockrosen, Wolkenbilder an einem schönen blauen Sommertag.

KAMELIENZAUBER

Die gefüllte *Camellia × williamsii* 'Black Lace' war der Publikumsliebling der Ausstellung 1999. Sie wächst kompakt aufrecht, blüht im April und kann bei günstigen Bedingungen auch ins Freiland gepflanzt werden. 'San Dimas' ist eine wunderbar ebenmäßige, halb gefüllte Sorte der *Camellia japonica*; sie blüht im Februar/März.

Die Baumschule Huben in Ladenburg ist unter anderem bekannt durch ihre Kamelien-Ausstellungen im Frühling. Eingetaucht in die grüne Welt der Kamelien und in der gleichmäßigen Helle der Gewächshäuser, überwältigt von ihrer Fülle, wurde ich von den vollkommen geformten Blumen gefangen. So sehr, dass ich auch ohne eigene praktische Erfahrung etwas von der Faszination vermitteln möchte.

Zum Glück fand ich eine Blumenfreundin, die seit zehn Jahren diese exquisiten Blütengehölze im Kübel pflegt und ihr Wissen gern weitergibt. Die immergrünen Kamelien sind an regelmäßige Niederschläge im Frühjahr und Sommer gewöhnt, an eine relativ hohe Luftfeuchtigkeit und an ein ausgeglichenes Klima wie in ihrer Heimat in Japan und China. Ich erfahre, dass sie bei ihr auf einer Nordwest-Terrasse stehen, die nachmittags in der Sonne liegt. Keine lichte Beschattung? Nein, nur ein Sonnenschirm, wenn es extrem warm wird.

Der anfangs gravierende Kulturfehler meiner Blumenfreundin war, nach der Bildung von Knospen sparsamer zu gießen. Jetzt bekommen ihre Kamelien, die in Rhodohum getopft sind, reichlich kalk- und salzfreies Regenwasser. Gedüngt werden sie wenig, und zwar so lange, bis sie nach dem ersten Frost für die nächsten Monate in den auf etwa 10 °C temperierten und sehr hellen Wintergarten einquartiert werden. Auch dort sollen sie gleichmäßig feucht, aber nicht nass sein. Von September bis April öffnen nacheinander die folgenden Kamelien ihre Blüten: früh, mittel und spät blühende Sorten von *Camellia japonica*, *Camellia*-Cultivaren und auch einige Züchtungen von *Camellia sasanqua*. »Jeden Tag gehe ich zehnmal nach ihnen schauen«, sagt sie, »mein Winter gehört den Kamelien. Und weil es zum Dabeisitzen zu kühl ist, habe ich immer einzelne Blüten in der Wohnung um mich herum. Frisch geschnitten halten sie bis zu zwei Wochen lang. Mein Traum von Vollkommenheit liegt zwischen Glaskugeln in einer flachen Schale aus Glas.«

DIE SONNE IM KÜBEL

Noch etwas mehr Sonne? Dann bieten sich als Begleitung der sonnengelben Sträucher gelb blühende Strauchmargeriten an, *Chrysanthemum frutescens*.

Manchmal verkörpern Kübelgehölze auch die Sonne! Die Kassie ist solch ein Strauch, der in seinem ganzen Habitus fröhlich wirkt und mit seinen gelben Blüten auch bei trübem Wetter leuchtet. Ununterbrochen, den ganzen Sommer über, ja sogar weit darüber hinaus, wenn er vor dem ersten Frost in ein sehr helles, im Winter etwa 5 bis 10 °C warmes Quartier übersiedeln kann. Erfreulicherweise gehört die Kassie zu den Gehölzen, die auch dunkler überwintern können. Dass sie dabei ihre Blätter verliert und später blüht, werden Topfgärtner ohne Gewächshaus in Kauf nehmen. Sie werden höchstens schwanken, welcher von den herrlichen Kassien sie den Vorzug geben sollen: *Senna corymbosa* aus Südamerika ist ein buschiger Strauch mit gefiederten Blättern und goldgelben Blüten im Frühling und Sommer. *Senna didymobotrya*, der Kerzenstrauch aus Afrika, trägt seine Blütentrauben an langen Sprossen, die weit über das Fiederblattwerk hinaus stehen. Das sieht filigran und zugleich sehr graphisch aus, eine Mauer oder eine Rasenfläche wären ein idealer Hintergrund. Beide Kassien brauchen einen warmen, voll sonnigen Platz und reichlich Wasser und Dünger während der Vegetationszeit und sie dürfen auch im Winter nicht austrocknen.

Zwei weitere Gehölze, die Sonne in den Blumentopf holen, sollen nicht unerwähnt bleiben: Das Wandelröschen, zum Beispiel die zitronengelbe *Lantana camara* 'Goldsonne'. Auch Wandelröschen brauchen einen voll sonnigen, warmen Standort und viel Wasser und Dünger. Ein klein wenig anders ist der Flanellstrauch, *Fremontodendron californicum*, zu pflegen. Obwohl er zur reichen Entwicklung großer dottergelber Blüten volle Sonne braucht, darf er nicht zu viel gegossen werden.

DAVID UND GOLIATH

Im eigenen Sandsteintrog entwickelt sich die strauchige Gauklerblume optimal. Nicht zu verwechseln mit der farbenfrohen *Mimulus*, die als Sommerblumen für feuchte Standorte verwendet werden können.

Zwei Kübelgehölze sind mir besonders aufgefallen. Beide blühen in munterem Orange; groß wie Goliath erscheint das eine Gehölz, klein wie David das andere: *Leonotis leonurus* und *Mimulus aurantiacus*, Löwenohr und Gauklerblume.

Es ist kaum vorstellbar: Das Löwenohr wird im Herbst oder im Frühjahr bis auf den Boden zurückgeschnitten. Im Sommer darauf wächst es heran, zu einem mannshohen und fast genauso breiten Busch, straff aufrecht, dunkelgrün, wollig behaart, schmalblättrig. An den hohen Trieben entwickeln sich dunkelgrüne Knospenkugeln. Nun sollte man zuschauen können, wie sich die Knospen zu orangefarbigen Bällchen aufblasen und dann zu langen Lippenblüten aufrollen: von unten nach oben, quirlig rund um den Stiel. Von September bis November. Dieser Kraftakt gelingt nur mit bestem Pflanzsubstrat, mit ausreichendem Dünger vom Frühjahrsaustrieb bis August und mit sehr viel Wasser. Als Pflanze des tropischen Afrika liebt das Löwenohr einen warmen, sonnigen Platz. Und wie es ihn ausfüllt! Das muss all jene interessieren, die keine massigen Kübelpflanzen bewegen können und doch nicht auf Fülle verzichten möchten. Die Rispen des Löwenohrs lassen sich auch als Schnittblumen verwenden und trocknen.

Was hat es nun mit dem David auf sich? *Mimulus aurantiacus* wächst in Kalifornien an trockenen, sonnigen Abhängen und wird dort gut einen Meter hoch. Im Blumentopf bleibt der immergrüne Strauch zierlich, vom Frühling bis August blüht er unermüdlich und passt farblich wunderbar zu Terrakotta. Als Begleitung passen vor allem Graulaubige. Oder als pfiffiger Kontrast *Oxypetalum caeruleum* 'Heavenly Blue' (*Tweedia caerulea*) mit auffallenden aquamarinblauen Blüten, die sich hübsch vom graugrünen, länglich herzförmigen Laub abheben. Die Gauklerblume verkraftet Temperaturen von −10 °C; in milden Gegenden wächst sie an geschützten Stellen im Garten. Als Topfpflanze verträgt sie weder Staunässe noch Trockenheit; die strengen Wintermonate verbringt sie hell und kühl.

GEHÖLZE, WINTERFEST

FEINES FÜR DEN LIEBHABER

Eine ganze Reihe von Gehölzen steht irgendwie dazwischen. Sie können im Weinbauklima in geschützten Innenhöfen milde Winter im Freien verbringen, weil sie einigen Frost vertragen. Mitunter sind es auch in anderen Gegenden nur wenige Tage, die ihnen wirklich gefährlich werden. Wer ein kühles Gewächshaus hat, kennt die Gewissensfrage nicht, wann man definitiv einräumen muss oder ob es nicht doch noch etwas Zeit hat. Die Frage kann nur vor Ort beantwortet werden; bei nicht optimalen Winterquartieren gilt für immergrüne Gehölze: so spät wie möglich und nur so lange wie nötig.

Irenes Kübelmethode gibt ein anschauliches Beispiel: Ihre beiden *Sarcococca hookeriana* var. *humilis* stehen beinahe den ganzen Winter über auf der überdachten, beschatteten Terrasse direkt an der Tür. Das immergrüne Buchsgewächs gefällt durch glänzende kleine Blätter und es beginnt im Nachwinter mit winzigen weißen Glöckchen zu blühen. Steht eine extrem kalte Nacht bevor, holt Irene die beiden ins Haus, das in kurzer Zeit von einem betörenden, süßen Duft erfüllt ist. Der deutsche Name »Fleischbeere« sagt wenig über diesen kleinen, hübschen Strauch ganz rechts vorn im Bild. Er kann gut meterhoch werden und verträgt Kalk und Schatten und mäßigen Frost. Mäßigen Frost vertragen auch der Rosmarinhochstamm, gleich dahinter im Bild, und der Portugiesische Kirschlorbeer, *Prunus lusitanica*, rechts im Hintergrund. Mit den ersten milderen Tagen kommen sie alle ins Freie. Allerdings bleibt eine Sackkarre in Reichweite.

Ähnlich behandelt man die Olive, *Olea europaea*, den Japanischen Spindelbusch, *Euonymus japonicus*, die Myrte, *Myrtus communis*, die Steinlinde, *Phillyrea angustifolia*, den Lorbeer-Schneeball, *Viburnum tinus*, und den sich im Herbst rotverfärbenden Himmelsbambus, *Nandina domestica*.

Die kleinste Ulme der Welt heißt *Ulmus parvifolia* 'Rocaido' und sitzt seit etwa fünf Jahren in einem Long Tom. Obwohl frostsicher, darf der natürliche Bonsai den Winter über ins Gewächshaus.

UNTER EINEM ALTEN BAUM

Auch Japanische Azaleen passen unter einen Baum. Die fein verästelten Büsche verwandeln sich im Mai in reine Farbe, so dicht sitzen die rosa, roten oder weißen Blüten über dem zierlichen Laub.

Es gibt eine ganze Reihe von Gehölzen, winterhart und wohlbekannt, die im Kübel überraschen. Wahrscheinlich blühen sie nicht so lange wie mancher Exot, doch sie fügen sich leicht in bestehende Bilder ein. Auf einem Platz unter alten Bäumen zum Beispiel – an dem ausgepflanzt nichts Rechtes gedeihen würde – wirken eine Sternmagnolie, *Magnolia stellata* 'Waterlily', und ein kleiner Kugelbuchs, *Buxus sempervirens* 'Suffruticosa', wie zu Hause – untermalt von blühendem Immergrün, *Vinca minor*.

Im Garten kann eine einzige Frostnacht den Zauber früh blühender Sternmagnolien zerstören. Wie gut, dass man sie als Kübelgehölz rechtzeitig in Sicherheit bringen kann! Wobei die Hochstammform sicher einen gewissen Luxus darstellt, möglicherweise auch einen Risikofaktor. Denn wenn die Frostharten auch ohne Wintergarten auskommen, so sind doch vorsorglich einige Punkte zu beachten: Der Wurzelbereich soll möglichst nicht durchfrieren; er wird mit Noppenfolie, Sackleinen oder Ähnlichem eingepackt. Ein beschatteter, möglichst geschützter Platz verhindert, dass das Pflanzengewebe in der Wintersonne abwechselnd auftaut und gefriert. Von Fall zu Fall helfen Koniferenzweige dabei, Wintersonne, Wind und Kälte zu mildern.

Eine kleine Auswahl schön blühender winterharter Gehölze, die in einem großen Kübel an einem nicht zu heißen Platz leben können: Der Blumen-Hartriegel, *Cornus kousa*, ist insgesamt ein nobler Strauch mit großen weißen Scheinblüten und einer subtilen Herbstfärbung, die Wochen andauert. *Fothergilla gardenii* hat weiße, fedrige Blütenkerzen im April/ Mai; die eigentliche Attraktion ist seine flammende Blattfärbung im Herbst. In saurem Substrat, zum Beispiel in Rhododendron-Erde, gedeihen *Kalmia angustifolia* 'Purpurflor', die immergrüne Lorbeerrose, straff aufrecht, purpurrosa, und *Rhododendron degronianum* subsp. *yakushimanum* 'Silberwolke', eine begehrte Prachtsorte, hinreißend, im Aufblühen von zartrosa bis silbrig weiß, anfangs raschwüchsig, später rund kompakt.

HORTENSIEN

Hortensien im Topf sind inzwischen zu preiswerten Allroundpflanzen der Gartencenter geworden und die Versuchung liegt nahe, sie auch so zu betrachten: Hier noch ein Tuff Himmelblau, da ein Strauß Rosa, dort ein Korb voll Weiß. Nur einen Sommer lang. Nichts gegen solche vergänglichen sommerlangen Freuden!

Dass *Hydrangea macrophylla* als gehegte Kübelpflanze oder als stattlicher Busch jahrzehntelang Freude schenken kann, ist bekannt. Auch dass ihre Blütenbälle lange über die eigentliche Blütezeit hinaus noch im Verwelken reizvoll sind, ist nicht neu. Deshalb möchte ich an dieser Stelle von zwei Hortensien im Kübel erzählen, die ich in der Gärtnerei von Anja Maubach gesehen habe. Der eine Kübel steht im Schatten eines Nussbaumes, seine Hortensie breitet sich hoch, weit und locker aus: kleinblättrig, übersät mit tellerförmigen blauen Blütenständen aus kleinen fertilen Blüten, umrahmt von sterilen Randblüten. Zu meiner Überraschung ist der gewaltige Busch, *Hydrangea serrata* 'Blue Bird', nicht älter als fünf bis sechs Jahre; er wurde immer wieder kräftig zurückgeschnitten.

Die andere Hortensie ist Liebe auf den ersten Blick: Kirschrosa Blütenstände – variierend im Farbton und nicht sehr groß – überschütten einen gut meterhohen Strauch, als sollte er noch schöner sein als ein Rosenbusch. *Hydrangea serrata* 'Preciosa' stehen zu dritt seit fünf Jahren in einem großen Terrakotta-Kübel an einem bemerkenswert sonnigen Platz. Sie brauchen wie alle Hortensien ein saures Pflanzsubstrat, vom Frühjahr bis zu ihrer Ruhephase ab August sehr viel Wasser, am besten Regenwasser, und wöchentlich eine schwache Düngergabe.

Natürlich habe ich eine 'Preciosa' mit nach Hause genommen, eine kräftige Pflanze ohne Blüte. Vom Sommer zum Herbst verfärbten sich ihre Blätter purpurbraun, purpurorange, leuchtend orange. Ja, ich werde meinen kleinen Hortensien-Kübel im nächsten Jahr zuerst zwischen die dunklen *Heuchera* stellen und später zu den roten kleinblumigen Astern! Und mich über viele Wochen lang daran freuen . . .

In mildem Klima kann man Hortensien im Kübel im Freien überwintern, und zwar in einer geschützten schattigen Ecke, abgedeckt mit Koniferenzweigen. Ein Vorteil dieser Kübelpflanze: Ihr Winterquartier kann auch dunkel sein, da Hortensien ihr Laub abwerfen.

SCHNEEWEISSCHEN UND ROSENROT

'White Bells', eigentlich eine Bodendecker-Rose, wächst sich zu einem dichten robusten Busch aus, der reizend als Hintergrund und Einrahmung ist. Ähnlich blüht die schon etwas ältere 'Little White Pet'; ihre locker verzweigten Ranken mit vielen kleinen, weißen, gefüllten Rosen wirken auf Hochstamm besonders duftig.

… und hätte aber die Rose nicht, wäre der Topfgarten nur halb so schön. Denn die Rose – die lieblichste aller Blumen, die in einem Gefäß blühen kann– verzaubert nicht nur ihre Betrachter, sondern auch ihre Umgebung: Meine Terrasse ist in »Bayernland« verliebt.

Gewiss, nicht alle Rosen reagieren so freundlich darauf, mit ihren in die Tiefe strebenden Wurzeln in einem Kübel gefangen zu sein; dass dies eine Stress-Situation für die Pflanze ist, darf man nie vergessen. Deshalb soll sie es so gut wie möglich haben: ein großes, vor allem hohes Pflanzgefäß, angemessene Düngerversorgung und gleichbleibend reichlich Wasser. Der Rat aus der Rosen-Baumschule: Es genügt keinesfalls, nur oberflächlich zu gießen!

Gepflanzt wird im Frühjahr in spezielle Rosenerde, die Lehm- und Tonanteile enthält, plus Blähton und unbedingt Depotdünger. Gute Dränage und einwandfreier Wasserabzug sind selbstverständlich. Den Winter über können Rosen in Kübeln dunkel und kühl stehen; in milden Gegenden auch im Freien, wenn der Wurzelbereich zusätzlich geschützt wird und die Rosen mit Reisig oder Sackleinen bedeckt sind. Spritzen oder nicht, ist bei diesen Rosen eigentlich keine Frage. Die größte Gefahr, die Rote Spinne auf den Blattunterseiten, wird oft zu spät erkannt. Deshalb empfiehlt sich ein kombinierter Pflanzenschutz gegen Pilzkrankheiten und beißende und saugende Insekten. Arbeit? Aber nein, »Die Zeit, die du für deine Rose verloren hast, sie macht deine Rose so wichtig«, weiß Antoine de Saint-Exupéry in »Der kleine Prinz«.

Reizend im Habitus sind viele Bodendecker-Rosen, besonders auf Hochstamm: 'The Fairy' und ihre »Kinder«, die rot blühende 'Fairy Dance', die intensiv rosa 'Lovely Fairy' und die gelbe 'Yellow Fairy', die johannisbeerrote 'Alberich'. Sie alle sprechen durch geschwungene Triebe und lange Blütenrispen an. Die Kleinstrauch-Rosen 'Rosabelle' und 'Granny' haben einen gefälligen Wuchs und dicht gefüllte, romantisch gefaltete rosa Blüten und sind zauberhaft als Kaskaden-Rosen.

100

DUFTENDE ALTE UND MODERNE ROSEN

Rosen im Kübel sollen entzücken, anmutig wachsen, immer blühen, gesund und hart sein. Aber gehört zur vollkommenen Freude nicht auch der Rosenduft dazu, die »hingeatmete Süße«, wie Eugen Roth es nennt? Wer könnte da widerstehen!

Glücklicherweise gibt es viele Rosen, die sich verströmen, verschenken und trotzdem ausreichend robust sind: 'Weißer Gruß an Aachen' wird 50 Zentimeter hoch; diese Floribunda-Rose blüht großblumig und dicht gefüllt in Büscheln. Die vitalen Sorten der Englischen Rosen wie 'Graham Thomas', warm goldgelb, und 'Abraham Darby', rosaorange, erreichen bis 150 Zentimeter Höhe; sie brauchen einen großen Kübel und beherzten Rückschnitt. Flatterig in der Form und intensiv rosa in der Farbe ist die dauerblühende Strauchrose 'Romanze'; sie wird 100 Zentimeter hoch und duftet zart nach Wildrosen.

Walter Schultheis, Bad Nauheim-Steinfurth, empfiehlt ausdrücklich Alte Rosen für die Kultur in stattlichen Kübeln; ihr Charme, ihr Duft und ihre Härte überzeugen. Aus der Gruppe der nachblühenden Bengal-Rosen zeigt 'Hermosa' einen ganz eigenen Charakter. Ihre kugeligen warmrosa Blüten haben einen bläulichen Schein und harmonieren wunderschön zum bläulich grünen Laub der bis zu 90 Zentimeter hohen, aufrechten, gut verzweigten Pflanze. 'Mlle Cecile Brunner', 60 Zentimeter hoch, mit kleinen, zartrosa, duftenden Blüten, ist eine Kostbarkeit. 'Perle d'Or' übertrifft alle ihrer Art durch Haltung und Farbe und durch den Reichtum ihrer gelborange glänzenden Rosensträuße.

Auch viele Bourbon-Rosen blühen bis in den Herbst hinein: 'Boule de Neige', 100 Zentimeter, zeigt kugelrunde, gefüllte weiße Blumen über matt dunkelgrünem Laub. Mit vergleichbar dichtem und wohlgeformtem Blattbusch wächst die Remontant-Rose 'Sidonie' bis 90 Zentimeter hoch. Die Schöne, die auf dem großen Bild blüht, ist der Inbegriff einer Kübel-Rose: Bis in den Herbst bietet sie ihre gefüllten schalenförmigen Blüten dar, romantisch, lieblich, rosig und voller »hingeatmeter Süße«.

'Abraham Darby' steckt voller Kraft und Ausdehnungsdrang. Dies gilt es bei der Wahl mit zu bedenken: Rosen im Kübel müssen je nach Größe des Gefäßes etwa nach drei Jahren in neues Substrat umgepflanzt und dabei an den Wurzeln behutsam gekürzt werden. Insgesamt können sie – je nach Sorte – etwa sechs Jahre im Kübel bleiben.

DAS GIBT ES IM HERBST

Vorschlag: Zwei Fuchsrote Seggen jeweils in einen geschwungenen Long Tom setzen und den Topfrand zudecken mit einem Kranz aus sehr feinen Zweigen, natur, kupfern oder silbern gesprayt. Die Gräser steigen fontänengleich aus den Gefäßen auf, ringeln zierlich ihre Blattspitzen, verzaubern sich im ersten Raureif, müssen dann aber bei anhaltendem Frost untergestellt werden.

Wenn der Herbst kommt, zeigt es sich, ob vielleicht noch das eine oder andere immergrüne oder strukturbildende Gehölz den Topfgarten bereichern könnte. Der Winter ist so lang! Dann wiegt die Freude an einem attraktiven Kübelgewächs doppelt. Doch Vorsicht im Wurzelbereich und vor der Wintersonne. Den Buchsbaum lieber etwas in den Schatten rücken und die Stechpalme, *Ilex aquifolium*, unter einen Baum.

Als anpassungsbereit hat sich die schöne immergrüne *Skimmia japonica* 'Rubella' aus den japanischen Bergwäldern bewiesen. Steht sie nicht gerade an einer Südseite, dann wird sie sich im Laufe der Zeit ansprechend locker aufbauen, gut einen Meter hoch und breit. Zwischen ihren lorbeerähnlichen Blättern sitzen schon im Herbst bronzefarbene Knospenbüschel. Im April werden sie in langen Rispen rosaweiß aufblühen und später in glänzend roten Beeren fruchten – was will man von einem Gehölz mehr! Apartes Geäst vielleicht? Dann kommen der Erbsenstrauch und bedingt die Scheinbuche in Frage: *Caragana arborescens* 'Lorbergii', ein kleiner Strauch, fällt sowohl in unbelaubtem Zustand auf als auch mit fedrig-feinen hellgrünen Blättchen und hellgelben Blüten im Frühsommer. Er liebt einen Standort in voller Sonne. *Nothofagus antarctica*, die Scheinbuche aus Chile, ist nur für einen geschützten Platz zu empfehlen. Die Zweige an diesem mehrstämmigen, strauchartig wachsenden Gehölz sind bizarr gefächert. Die kleinen ledrigen Blätter färben sich im Herbst leuchtend gelb. Beide Sträucher brauchen einen geräumigen Pflanzkübel.

Welche Anregungen zum Ausschmücken der Herbstbilder gibt es im Herbst in der Baumschule? Eine tiefblau blühende Bartblume etwa, die *Caryopteris × clandonensis* 'Grand Bleu', oder Heide in vielen Farbschattierungen, straff aufrecht wachsender Efeu, *Hedera helix* 'Conglomerata Erecta', rosa oder weiß fruchtende Torfmyrten und Gräser wie die Fuchsrote Segge, *Carex buchananii*, die den ganzen Sommer über auffallend bronze gefärbt, nun als ausgesprochene Herbstschönheit gleich ins Auge fällt.

CHINABLAU

Commelina tuberosa sieht man selten als Kübelpflanze, obwohl sie von Juni bis zum Herbst reich blüht und nicht anspruchsvoll ist. Man behandelt die knolligen Wurzeln dieser blauen Tagblume wie Dahlien – pflanzt sie im April/Mai in gutes Substrat – und gibt den wärmeliebenden Pflanzen aus Mittelamerika einen sonnigen warmen Platz.

Stauden in Töpfen? Warum nicht lieber farbenfrohe Sommerblumen? Gewiss, wer den Sommer liebt, wird nicht auf dessen vergängliche Fülle verzichten wollen. Aber genauso liebevoll wird er bestimmte ausdauernde krautige Pflanzen in Töpfe setzen, um sie zu beschützen, hervorzuheben, nahe bei sich zu haben.

Weil diese Stauden nicht wie Einjährige in jeder Saison erneuert werden, wählt man ein haltbares Substrat, das mit einem Langzeitdünger angereichert ist, mischt Blähton unter und achtet auf Dränage und Wasserabzug. Brauchte ich einen Zeugen für den Sinn dieser Mühe, dann wäre der blaue Lerchensporn aus China, *Corydalis flexuosa*, ideal: Zwei Exemplare der Sorte 'China Blue' – zusammen im nicht zu kleinen Topf – waren die Attraktion des Frühlingsgartens von Ende März bis weit in den Mai hinein. Ihr unvergleichliches Himmelblau leuchtete sogar klar aus den Stauden-Vergissmeinnicht heraus, die im Halbschatten überall verwildern. So waren selbst Besucher davon fasziniert, die keine Staudenliebhaber sind. Ob die Pflanzen im lufttrockenen Garten ausgepflanzt wohl ebenso zufrieden gediehen wären? Im Topf gut und täglich versorgt überstanden sie ohne Beeinträchtigung ihre lange blaue Zeit. Danach verbrachten sie den Sommer unter einem Baum im Halbschatten, bekamen ab und zu etwas Wasser, die Blätter zogen ein. Im Herbst trieb das farnähnliche Laub rötlich, wunderschön wieder aus. Die Pflanzen sind so erstarkt, dass nun jede in ihrem eigenen Topf gesund dem Frühling entgegenwächst. Deshalb werde ich auch die beiden anderen Sorten bestellen: 'Père David' blüht hellblau und 'Purple Leaf' bildet violett angehauchte Blüten und Blätter. Als passende Topfgesellschaft für den Halbschatten kommen dazu zarte Jakobsleitern: *Polemonium* × *richardsonii* 'Album' blüht ab Mai fast den ganzen Sommer weiß und *Polemonium caeruleum* 'Brise d'Anjou' fein violett. Diese seltenere Sorte hebt sich – auch in gemischten Pflanzungen – besonders durch gefiedertes, gelb umrandetes Laub hervor.

FUNKIEN IM SCHATTEN

Zu den subtilen Neuen, die das Herz des Sammlers höher schlagen lassen, gehören: 'Cherry Berry', 35 Zentimeter hoch, und 'Fire and Ice', 40 Zentimeter hoch; ihre jeweils cremeweißen Blüten sind dunkelgrün umrandet. Ein Favorit: 'June', das Bild zeigt die nuancierten, kreidigen Farbabstufungen, sie wird 30 Zentimeter hoch.

Kein Topfgarten ohne Funkien! Denn für diese Pflanzen spricht sehr viel: Sie überwintern problemlos im Freien und bleiben drei, vier Jahre im gleichen Topf. Robust, zuverlässig und anspruchslos sind sie von April bis Oktober rundum schön. Obwohl sie sich als Schattenpflanzen an unterschiedliche, auch sonnige Standorte anpassen, brauchen sie doch eines: kühle Wurzeln. Deshalb sind Funkien gut aufgehoben in dickwandigen Tonkübeln, die durch Verdunstung kühlen; alternativ mit Plastik-Container in einem Übertopf. Verwöhnt man sie mit einem strukturstabilen Pflanzsubstrat, dem Langzeitdünger und nicht zu wenig Blähton beigemischt sind, und pflanzt fürs erste Jahr noch Mini-Stiefmütterchen oder Nemesien dazu, dann wird mit ihnen die Liebe wachsen. Die Liebe zu prächtigen Funkien-Töpfen oder zu den Kleinen, Feinen, die man wie Schätze hütet.

Zu den stattlichen Typen gehören *Hosta* 'Crispula' im Hintergrund des großen Bildes, davor *Hosta* 'Krossa Regal'. Zuverlässiger Standard sind beide, sowie die altbewährte 'Francee': 45 Zentimeter hoch, mit lavendelfarbenen Blüten und herzförmigen, dunkelgrünen Blättern. Als schön gilt die bis 55 Zentimeter hohe 'Daybreak'. Sie blüht lavendelfarben, ihre Blätter werden goldgelb.

Sorten-Empfehlungen des Fachmannes Dr. Ullrich Fischer speziell für die Kultur in Töpfen: 'Darwin's Standard', Blüten lavendelfarben, Blätter gelb mit dunkelgrünem Rand, 40 Zentimeter; 'Fried Bananas', Blüten lavendelfarben, stark duftend, Blätter glänzend goldgelb, rundlich, 45 Zentimeter; 'Hope', Blüten purpur mit weiß, glockenförmig, Blätter blaugrün mit goldgelbem Rand, 8 Zentimeter; 'Little Sunspot', Blüten fast weiß, Blätter goldgelb mit breitem grünem Rand, 20 Zentimeter; 'Loyalist', Blüten lavendelfarben, Blätter herzförmig, weiß mit scharf abgesetztem grünen Rand, dicke Substanz, 40 Zentimeter; 'Pandora's Box', Blüten purpur mit weißer Basis, glockenförmig, Blätter cremeweiß mit graugrünem Rand, spektakuläre Miniatursorte.

FARNE IM SCHATTEN

Eine Blütenknospe der besonderen Art sitzt hier zwischen den Schattenpflanzen. Immergrün, immerschön, wird es auf ewig ein Geheimnis bleiben, welche Blume die Knospe aus Keramik in ihrem Inneren birgt.

Für Farne im Topf gelten die gleichen Voraussetzungen wie für Funkien, doch kommt bei ihnen zum kühlen Fuß auch ein relativ kühler Kopf dazu.

Man kann sie nicht in die warme Sonne locken, wozu auch, wenn sie im grünen Schatten so überzeugend zur Geltung kommen, wie hier die kleinen Farntöpfe mit einem so ausdrucksvollen Solisten wie dem Rippenfarn *Blechnum spicant* vor einer großen Kübel-Hortensie?

Auch Farne sind rundum von allen Seiten schön, manche sogar immergrün. Ihr regelmäßiger Aufbau und ihre feinen Strukturen zeigen sich im Kübel besonders deutlich: *Adiantum pedatum*, der Pfauenradfarn, trägt an schwarzen, etwa 60 Zentimeter hohen Blattstielen waagrechte, fächerförmige Wedel. Die Sorte 'Imbricata' ist genauso filigran, wächst aber noch nicht einmal halb so hoch. *Asplenium adiantum-nigrum*, der Schwarze Streifenfarn, mag keinen Kalk und kann nicht im Freien überwintern. Er ist aber wegen seiner lederartigen, dunklen, glänzenden immergrünen Fiederwedel einer Sonderbehandlung wert. Als wesentlich robuster erweist sich der ebenfalls wintergrüne *Asplenium trichomanes*, der mit etwa 20 Zentimeter etwas kleiner ist.

Wer sich von der unaufdringlichen eleganten Schönheit der Farne in Töpfen berühren lässt, der ist auch bereit, ihr Pflanzsubstrat mit einer Handvoll grobem Torf noch luftiger aufzubereiten und Empfindlichen im Winter ein sicheres Quartier zu geben. So dem Japanischen Regenbogenfarn, *Athyrium niponicum* 'Metallicum'; denn er ist einer der allerfeinsten Farne: grau, grün, silber, rötlich überhaucht, doppelt gefiedert. Seine Wedel sind 20 bis 40 Zentimeter lang und erscheinen selbst noch im Sommer.

Blechnum spicant, der Rippenfarn, 50 Zentimeter hoch, ist ein heimischer, robuster Farn; er braucht saures Torfsubstrat und ausreichend Feuchtigkeit. Wunderbar im Topf sind Goldschuppenfarne, etwa der 80 Zentimeter hohe *Dryopteris affinis* 'Pinderi'. Etwas für Liebhaber ist *Polystichum neolobatum*, ein Schildfarn mit immergrünen, lackglänzenden Blättern, er wird im Topf etwa 60 Zentimeter hoch und muss im Winter geschützt werden.

Wer mag, stellt etwas Farbe zwischen seine Farntöpfe, und zwar *Astilbe simplicifolia* 'Sprite', hellrosa, und 'Bronze Elegans' dunkelrosa; beide werden 40 Zentimeter hoch und haben bronzegrünes, schönes Laub.

FEIN UND DELIKAT

Versuchen Sie einmal die als Topfpflanze ungewöhnliche *Euphorbia marginata*. Sie möchte mager, warm und trocken stehen und versagt deshalb mitunter in gemischten, gut gedüngten Pflanzen-Zusammenstellungen. Man kultiviert sie entweder einzeln oder kombiniert mit ähnlich anspruchslosen Partnern, zum Beispiel mit der kleinen Portulak-Rose, *Portulaca grandiflora*.

Star im Ensemble ist *Origanum rotundifolium*. Graublau die Blätter, lila überhaucht die hellen, hopfenähnlichen Blütenstände. Überhängend der Habitus. Schon im Frühling, wenn dieser Dost in einem hellen Grün austreibt, sieht man der Pflanze das Besondere an. Sie hält ihr Versprechen und bleibt schön bis zum Herbst. Obwohl an felsigen, trockenen, sonnigen Hängen zu Hause, wird sie im Topf regelmäßig gegossen – kann sie doch ihre Wurzeln jetzt nicht mehr zwischen den Steinen auf Feuchtigkeitssuche schicken. Allerdings muss das Gießwasser gut ablaufen können; das gilt auch für andere Pflanzen mit grauem Laub.

Kiesel, Steine, Terrakotta-Kugeln sind eine Möglichkeit, den rundblättrigen Oregano subtil ins Bild zu setzen und einzurahmen. Die andere Version zeigt fein abgestufte Blattformen und Farben, die das Eigenwillige dieser Pflanze noch betonen: Gelbgrün ein zierliches Gras, *Deschampsia flexuosa* 'Tatra Gold', dunkelgrün der Buchsbaum, blaugrau die Raute, *Ruta graveolens* 'Jackman's Blue', hellgrün die Monatserdbeere *Fragaria vesca* 'Yellow Wonder', blaugrau ein Trieb der Wolfsmilch *Euphorbia rigida*. Als einzige Blütenpflanze im Topfensemble greift *Trachelium caeruleum* das Lila der Oregano-Blütentrauben auf. Wenn man Verwelktes regelmäßig abschneidet, treibt sie regelmäßig neue Blüten. Diese Staude ist jedoch nicht ganz winterhart.

Eine Auswahl subtil wirkender Pflanzen: *Euphorbia characias* 'Humpty Dumpty', 70 Zentimeter, eine empfindliche Staude, mit limonengelben großen Blütenständen; *Euphorbia marginata* 'Schnee vom Berg', 60 Zentimeter, einjährig, mit dekorativen grünweißen Blättern und Scheinblüten; *Cerinthe major* 'Purpurascens', 50 Zentimeter, eine feine blaublättrige Einjährige mit lilablauen, hängenden Glockenblüten. Empfehlenswert für den Schatten: *Heuchera* 'Stormy Seas', 50 Zentimeter, ausdauernd, mit weiß marmoriertem Blatt; *Ophiopogon planiscapus* 'Nigrescens', 15 Zentimeter, mit dunklem, grasartigem Laub und violetten Blütentrauben.

STILLLEBEN MIT SALBEI

Das Blau der großen Blüten von *Salvia patens* 'Cambridge Blue' überwältigt. Ihr grünes Blattwerk allerdings ist beliebig, sodass man sich gerne auch an die grauen, grüngelben oder violettgrün gezeichneten, immergrünen Blätter von *Salvia officinalis* und ihrer Sorten erinnert.

Er ist noch jung, der silbergraue Salbei aus Mexiko, *Salvia chamaedryoides* 'Silver Form', und schon zeigt er seinen filigranen Charakter, der zu einem Stillleben feingliedriger Stauden und Sommerblumen inspiriert: Wie ein Blumenstrauß blüht dazu *Tanacetum parthenium* 'Niveum', weiß, duftig, fein verästelt – im Habitus und in der recht langen Blütezeit ähnlich den Sorten 'Schneeball' und 'Schneekrone'. Alle drei sind kurzlebige Stauden.

Von der anderen Seite neigen sich Zweige der rosafarbenen Strauchmalve *Lavatera olbia* 'Rosea' ins Blickfeld und vorn steht ein Topf mit *Salvia farinacea*. Es reizt, sich das Bild weiter auszumalen? Salbei dafür gibt es in Hülle und Fülle! Aus Mexiko kommen noch einige attraktive Arten, die man entweder frostfrei überwintert oder als Sommerblumen kultiviert: *Salvia patens*, blau, 70 Zentimeter, und ihre Sorten 'Cambridge Blue' und 'Mexiko', intensiv himmelblau, und 'White Trophy', weiß. Ihre relativ großen Blüten erscheinen den ganzen Sommer über. *Salvia coccinea* 'Lady in Red' wird scharlachrot; sie gilt als einjährig, kann sich aber als nicht frostharte Kübelpflanze beinahe strauchig entwickeln. Ein großes Lob noch für *Salvia farinacea:* Grau und silber glänzt die Sorte 'Strata', weißgrau und blau die feine 'Silver'. 'Victoria' blüht einheitlich tiefblau. Alle werden bis 65 Zentimeter hoch.

Der Salbei liebt volle Sonne. Begleitpflanzen mit ähnlichen Ansprüchen und ähnlich lockerem Erscheinungsbild sind zwei einjährige Sommerblumen: Die Spinnenpflanze, *Cleome spinosa*, 80 Zentimeter, und die Sommerblume, *Cosmos bipinnatus*, Höhe und Farbe variieren ja nach Sorte.

Am gleichen Platz fühlt sich auch die Bergminze, *Calamintha nepeta* subsp. *nepeta*, wohl. Diese anspruchslose Staude macht sich hervorragend im eigenen Kübel. An etwa 60 Zentimeter hohen, feinblättrigen Trieben erscheinen ab Hochsommer bis Frostbeginn überreich kleine lilaweiße Blüten. Die Bienen lieben sie! Das will beim Standort der Bergminze bedacht sein.

SCHUTZBEDÜRFTIGE

Die herbstschönen Stauden auf der Gartenbank sind an geschützten Standorten winterhart. Man lässt sie im Topf so lange wie möglich im Freien und räumt sie eigentlich nur während der schlimmsten Frostzeit schützend ein.

Die Kapfuchsie, *Phygelius capensis*, links im Bild, die in ihrer Heimat Südafrika an feuchten Bachläufen wächst, entwickelt sich von einem bescheidenen Pflänzchen in wenigen Monaten zu einer Persönlichkeit. So weit schwingen ihre Zweige und Blütentriebe, dass man schwankt, sie entweder mit Weidenruten zu bändigen oder zu einen ausgreifenden Solitär zu erziehen. Sie macht neugierig auf die Sorte 'Lesotho' und ihre scharlachroten Glocken. Und auf *Phygelius* × *rectus* 'African Queen'; mit frech orangefarbenen, innen gelben Glockenblüten. 'Moonraker' ist rundum mit blass gelben Blüten besetzt. Kapfuchsien möchten sonnig, aber nicht trocken stehen. Sie werden etwa 80 Zentimeter hoch und ebenso breit, blühen bis Ende Oktober und vertragen einigen Frost und einen Rückschnitt bis zur Basis. Deshalb kann man sie im Garten auspflanzen, sie verhalten sich dann etwa wie winterharte Fuchsien, *Fuchsia magellanica*. Besonders schön sind sie zwischen Gräsern.

Zur gleichen Zeit glüht ein anderer wertvoller Herbstblüher, die Kolibritrompete, die *Zauschneria* 'Olbrich's Silver', rechts im Bild: leuchtendes Orange auf sanft silbergrauem Laub. Fast weiß glänzen daneben die gezackten Blätter der heiklen Flockenblume, *Centaurea cinerea*. Beide mögen keine Staunässe, nicht im Topf und nicht im Beet.

Unter den gleichen Bedingungen gedeiht eine meiner Lieblingspflanzen, der Schöterich, *Erysimum* 'Bowles Mauve'. Es ist ein Goldlackgewächs mit kleinen, blaugrauen, immergrünen Blättern und lilafarbenen Blütenkerzen vom Frühling bis zum Sommer. Weil diese schöne, verholzende Staude mit dem Habitus eines Lavendels leider kurzlebig und empfindlich ist gegen strengen Frost, nimmt man im Hochsommer Stecklinge, die sich gut bewurzeln und sich in nicht zu kleinen Kübeln wohlfühlen.

Epilobium 'Western Hills' hat größere Blüten und graugrüne Blätter. Im Topf davor begeistert *Euphorbia rigida* mit ornamentalem Habitus. Frostgeschützt überwintert, blüht sie ab Januar mit fächerartigen, zitronengelben Sternendolden. Daneben links im Bild ein Sämling von *Euphorbia characias* subsp. *wulfenii*.

GRÄSER MUSS MAN HABEN

Gern schaue ich mich bei guten Floristen um. Zwischen Blumen und Design sind viele Anregungen versteckt – und ab und zu auch eine neue Pflanze, die es in der Staudengärtnerei vielleicht nicht gibt. Hübsche kleine Gräser zum Beispiel, die dem grüngelben Japanwaldgras Gesellschaft leisten können.

Gräser sehen rundum tadellos aus und sind der Stoff für neue Bilder: für wehende, raschelnde Gestalten zu den Seiten eines Hauseingangs, für feine, sich wiegende Fontänen, aufgereiht am Wegrand, für Wuschelköpfe auf einem Tisch. Ja, sogar ein einziger Kübel mit Gras – hineingestellt in ein Gartenbild – kann verblüffen. Es ist ein neues Topferlebnis; weil eigene Erfahrungen damit fehlen, berufe ich mich auf den holländischen Staudenfachmann Piet Oudolf. Er beschreibt sogar das Chinaschilf als geeignet für die Kübelkultur. Wie schön! So wählen wir *Miscanthus sinensis* 'Kleine Silberspinne', die im Gefäß bis 130 Zentimeter hoch wird, reich blüht und sich im Alter wundervoll orange und rot verfärbt.

Schöne mittelhohe Gräser für den Kübel: *Stipa calamagrostis* wächst straff aufrecht strohgelb, 80 Zentimeter hoch. *Stipa brachystrichum*, weit schwingend mit silberrosa Ähren, 90 Zentimeter hoch. *Eragrostis curvula*, das Bogenliebesgras, wirkt fein und duftig; es mag einen warmen Platz und Winterschutz, 80 Zentimeter hoch. *Molinia caerulea* 'Heidebraut' ist strohfarben und auch im Winter schön, 80 Zentimeter hoch. *Pennisetum setaceum* und die Sorte 'Rubrum' werden entweder einjährig kultiviert oder frostfrei überwintert, 80 Zentimeter hoch. Völlig andere Bilder – graphisch, bizarr, fest – vermittelt die Fuchsrote Segge, *Carex buchananii*.

Kleine Gräser, auflockernd zwischen anderen Topfpflanzen oder Ensembles: *Carex petriei*, die immergrüne Steinsegge hat rosa überhauchte Blätter, ist frostempfindlich, 35 Zentimeter hoch. *Stipa tenuifolia*, Flaumhaar-Federgras, wächst aufrecht wie eine Fontäne, darf keinesfalls nass stehen und braucht Sonne und Winterschutz, 50 Zentimeter hoch.

Im Schatten, als heller Farbfleck, ist das überhängende Japanwaldgras *Hakonechloa macra* 'Aureola' unentbehrlich, es wird gelbgrün, im Herbst goldgelb, 30 Zentimeter hoch. *Imperata cylindrica* 'Rubra' fasziniert durch rote aufrechte Blatthalme, 30 Zentimeter hoch. Das ist ein guter Partner für rotblättrige *Heuchera*.

SOMMER-BLUMEN

DUFTIG UND ZART

Die hohen Terrakotta-Gefäße an der Tür zu ihrem Büro, sagt Anja Maubach, stammen von einem Töpfer aus Bayern, der sein Herz an italienische Keramik verloren hat. Was für eine witzige Idee, die Burschen mit einem Blümchenschopf zu schmücken! Dafür eignet sich hervorragend das Spanische Gänseblümchen, *Erigeron karvinskianus* 'Blütenmeer', denn es blüht unermüdlich den ganzen Sommer. Es versamt sich auch und wird in milden Gegenden bald hier und da im Garten als gern gesehener Gast auftauchen. Obwohl es in allen Teilen zierlich und fein wirkt, weiß es sich doch im Topf durchzusetzen, sodass man es entweder alleine oder zu gleich vitalen Partnern pflanzt.

Beinahe entgegengesetzt verhält sich eine noch wenig bekannte Sommerblume, die *Sutera hispida*. Viele Monate entzückt dieses rosalila Blümchenwunder, hell, duftig und gern in einem Topf für sich, wo es sich unbedrängt förmlich aufplustern kann. Was in der richtigen Gesellschaft auch möglich ist: *Sutera hispida*, *Helichrysum petiolare* 'Microphyllum' und *Diascia cordata* verweben sich im Laufe eines Sommers in einem größeren Gefäß zu einem Gespinst aus unzähligen kleinen Blüten. Schön ist das auch für Ampeln, für Hanging Baskets. In diese optisch sehr leichte Bepflanzung passt als »blauer Schatten« eine Hänge-Lobelie, *Lobelia erinus* 'Richardii'.

Zur Reihe der Sommerblumen mit Streublümchen-Effekt gehören: alle Diascien, Nemesien und Lobelien, das Gelbe Gänseblümchen, *Thymophylla tenuiloba*, das Blaue Gänseblümchen, *Brachyscome iberidifolia*, *Bidens ferulifolia* mit goldgelben Sternenblüten und kleinblumige *Tagetes tenuifolia*.

Entzückende Streublümchen, die man selbst leicht aus Samen heranziehen kann: *Alonsoa meridionalis* tupft lebhaftes Orange in Hülle und Fülle; außerdem gibt es rosa und aprikosenfarbene Sorten. *Brachyscome iberidifolia* 'Bravo' verspricht als Samenmischung rosa, violette und weiße Blüten. *Phlox drummondii*, der Sommer-Phlox, hält eine Palette zarter und kecker Farben bereit.

Und auch die kleinblumigen Petunien der Serien 'Fantasie' und 'Million Bells' blühen mit unzähligen kleinen Blumen. Sie benötigen Freiraum zur optimalen Entwicklung, so wie 'Million Bells Terrakotta', die aus einer großen Schale als feine Schleppe einer hell orangefarbenen Strauchmargerite herunterhängen kann.

EINE ROTE MAUER

Sutera hispida kann man auch ins Sommerbeet pflanzen. Im Vordergrund zwischen Graublättrigen, Polsterglockenblumen, Polsternelken und Gräsern breitet es rosige Schleier aus.

Die leuchtend rote Giebelwand eines alten Gemäuers ist attraktiver Blickfang eines Gartenhofes, zu dem eigentlich nur noch ein Stückchen blaues Meer fehlt. Das Ensemble sommerleichter Blumen ist farblich exakt auf diese aufregend rote Hauswand abgestimmt. Ton in Ton. Rosa und Orange. Ein klein wenig Blau. Jede Pflanze hat einen eigenen Topf. Farbenspiel und Beweglichkeit sind das Thema. Deshalb kann ein einjähriger Rittersporn für eine Weile die Hauptrolle übernehmen, um danach abzutreten. Auch wenn es nur ein paar Wochen sind, welche andere Topfblume ließe sich mit *Delphinium consolida* vergleichen? Aufrecht, anmutig, umso länger, je konsequenter verwelkte Rispen herausgeschnitten werden.

Der Sommer-Rittersporn ist kinderleicht aus Samen heranzuziehen: Man sät entweder im Herbst oder im zeitigen Frühjahr direkt in den Kübel, muss eventuell ausdünnen. Falls man vorgezogen Pflanzen bekommen kann, keinesfalls zu spät umsetzen! Glücklicherweise gibt es Samen auch von nach Farben getrennten Sorten. Alle werden bei guter Pflege im Kübel knapp einen Meter hoch.

Was es auf dem sommerroten Bild noch zu sehen gibt? Das blaue Töpfchen vor dem Rittersporn heißt *Chaenorhinum origanifolium* und stammt aus einem Blumenladen – eine freundliche kleine Pflanze. Diascien, Lobelien und Löwenmäulchen auf der linken Seite. Ein Tipp: Zwerglöwenmäulchen, *Antirrhinum majus nanum*, sind entzückende buschige Topfpflanzen. In unser Bildbeispiel würden die Sorten 'Coral', 'Orange' und 'Peaches and Cream' aus der Monarch-Serie wunderbar hineinpassen.

Sommerblumen mit starken Farben für kraftvolle, südliche Träume: *Tithonia rotundifolia* 'Fiesta des Sol', die leuchtend rote, nicht rankende Kapuzinerkresse, *Tropaeolum minus* 'Empress of India', *Alonsoa meridionalis*, rote und lachsrosa Petunien.

DAS BLAUE HAUS

Einfache Blumen für einfache Bilder: Kosmee, Fingerhut, Goldlack, Sonnenhut, Schwarze Susanne, Kapuzinerkresse, Margeriten, Studentenblumen, Zinnien, stehende Geranien, Stockrosen, Rosenbalsaminen, Ringelblumen.

Wer Lust hat auf ein knallblaues Haus, der liebt entweder Designerstil oder fröhliche Spontaneität. Letzteres, die Freude an spontanen Einfällen, kann man an einem Haus in Amorbach im Odenwald ablesen: Lustig stehen allerlei Töpfe mit Sommerblumen davor, lustig blüht es in den Fensterkästen. Das sind beileibe keine besonderen Töpfe und auch keine besonderen, ausgetüftelten Blumen. Trotzdem war ich glücklich, diesen Topfgarten zu finden, der im besten Sinne wie ein naives Bild anmutet: Zeigt er doch als wunderschönes Beispiel, dass es beim Zusammenspiel von Umfeld, Topf und Pflanze weder auf Geld noch auf Regeln ankommt. Individualität verwandelt die Dinge, setzt sie neu zusammen.

Zugegeben: ein handkolorierter, großer, roter Terrakotta-Topf aus Frankreich kann den heftigen Wunsch auslösen, diese Kostbarkeit zu besitzen, eine edle Pflanze hineinzudenken und sich auch noch den richtigen, entsprechenden Rahmen dafür auszumalen – und schon ist man weit über seine Möglichkeiten abgehoben. Die Qualität von Schönheit aber liegt genauso in einfachen, schlichten Dingen. Wobei man sich nicht täuschen darf, naive Bilder haben ihr inneres Konzept und sind nicht leicht zu kopieren! Doch das blaue Haus macht Mut, jedes Gefäß unvoreingenommen zu betrachten: einen Korb, einen Eimer, einen Kanister – es gibt kaum ein Gefäß, in dem nicht eine Pflanze, zumindest für eine Weile, wachsen könnte. Anmut weht in den rosa Kosmeen, Fröhlichkeit lacht aus der gelben Sonnenblume vor der blauen Wand.

Einige schöne, gut verzweigte Sonnenblumen-Sorten: *Helianthus annuus* 'Soraya', goldorange, 100 Zentimeter hoch; 'Valentin', zitronengelb, 150 Zentimeter hoch; 'Floristan', rotbraun mit hellen Spitzen, 100 Zentimeter hoch; 'Big Smile', sonnenblumengelb mit dunkler Mitte, 40 Zentimeter.

SOMMERTAGSTRÄUME

Wo bleiben die bunten Farbenblumen, die man einmal pflanzt, und die den ganzen Sommer über traumhaft blühen, ohne Hin und Her? All die Geranien und Petunien und Fächerblumen, die Fleißigen Lieschen und Verbenen? Sie sind so bekannt, der Umgang mit ihnen so vertraut, dass sie an dieser Stelle keiner besonderen Fürsprache bedürfen. Auch, dass man die starkwüchsigen Hänge-Geranien und Surfinien nur bedingt mit anderen Balkonpflanzen kombiniert, ist nichts Neues. Auch nicht, dass der so beliebte Weihrauch, *Plectranthus forsteri* 'Marginatus', die schönste Kombination sprengen kann!

Natürlich gibt es auch Lieblinge: Die korallenrosa und weiß gesprenkelte Geranie 'Spreckles' oder die scharlachrote 'Mulitibloom Scarlet Eye', deren einzelne Blüten zur Mitte immer heller werden. 'Apple Blossom' ist eine zauberhaft leichte Sorte. Eine Topfreihe aus weißen, aufrechten Geranien vor einer kleinen Buchshecke sieht umwerfend aus! Dabei überrascht, wie üppig und buschig sie sich einzeln im großen Topf entwickeln. Ein Tipp: Aufrechte *Pelargonium zonale* mit aufrechten und hängenden Verbenen, alle feuerrot. Und nichts dazu.

Der Ziertabak duftet am Abend. Die Petunie 'Super Magic Sky' holt mit ihrer Farbe den Sommerhimmel in den Blumentopf, *Salvia farinacea* 'Silver' den Glanz der hellen Mondnacht.

Einen Sommertagstraum ganz anderer Art blüht ein Mohn: *Papaver commutatum* 'Ladybird', volkstümlich 'Marienkäfer', ist einjährig, kommt aus Südeuropa und mag wie jeder Mohn volle Sonne, ausreichend Dünger und keine Staunässe. Man glaubt es kaum: Immer wieder treibt die Pflanze neue Knospen, eine beachtliche Zeit glänzt sie mit weithin leuchtenden Mohnblumen über graugrünem Laub. Man sät entweder im Herbst oder im zeitigen Frühjahr in einen nicht zu kleinen Topf. Das gilt ebenso für ein anderes zartes Gewächs, für das Schlafmützchen *Eschscholzia californica*, von dem es zauberhafte Sorten gibt: 'Apricot Chiffon', 'Dairy Maid', weiß, und 'Sperling's Dalli', scharlachrot!

Impatiens balsamina ist eine andere außerordentlich attraktive, leicht aus Samen zu ziehende Sommerblume. Rundum schön, kerzengerade, stehen sie einzeln in Töpfen oder in der Reihe in einem geräumigen Blumenkasten. Ausprobieren!

ROSIGE AUSSICHTEN

Variationen zum Farbthema Rosa bestimmen das Bild: Hange Geranien, eine gefüllte Strauchmargerite, *Argyranthemum foeniculaceum* 'Vancouver', auf Hochstamm, Nemesien, Verbenen. Daneben zeigen blühende *Commelina tuberosa* kleine blaue Blumen. Rechts im Hintergrund Töpfe mit Stockrosen: Es geht wirklich! Im Mai ausgesät blühen die stattlichen Pflanzen im nächsten Jahr. Voraussetzung sind ein großer Topf, reichlich Dünger und Wasser.

Die *Alcea rosea* 'Charters Double' Serie hat alle Farben, die man sich wünscht. 'Rose Delight' und 'Scarlet O'Hara' glühen wie alte Rosen, jede Blüte perfekt gefüllt. 'Lavender Queen' legt Lilaviolett über ihr Rot. Ich ziehe sie in großen, schwarzen Containern, versteckt zwischen Stauden im Beet und hole sie zur Blütezeit in den Topfgarten. Sie schenken Glück, die rosigen, weißen, aprikosenfarbenen Malven-Rosen.

Zwei Pflanzenkombinationen für Kübel in der Sonne. Ein Kübel in Pink, Grau und Weiß: Eine Buntnessel mit violettrotem Laub sorgt für Höhe; *Helichrysum petiolare* 'Microphyllum' und *Helichrysum italicum* wachsen grau, silberweiß und filigran in die Höhe und in die Breite. Pinkfarbene stehende Geranien – zum Beispiel *Pelargonium zonale* 'Pulsar Lavendel' und 'Pulsar Rose' – setzen lebhafte rosa Farbpunkte, die im Gleichgewicht zu weißen Petunien stehen. Fürs Feingetupfte sorgen hängende Verbenen, *Verbena* 'Sissinghurst', rosa, *Nemesia fruticans*, weiß, *Gaura lindheimeri* 'Siskiyou Pink' und *Diascia* 'Red Start'.

Der zweite Kübel in Blau, Violett, Grau, Pink: Ohne Grau als Basis – hier *Helichrysum petiolare* – geht es nicht; es gibt den Blautönen erst das gewisse Etwas. Blau in verschiedenen Nuancen blühen: *Salvia farinacea* 'Silver', *Heliotropium arboreum*, violettblaue und hellblaue Petunien, das australische Gänseblümchen, *Brachyscome multifida*, niedere himmelblaue Lobelien, *Lobelia erinus* 'Cambridge Blue'. Eine Prise Pink verleiht dem Violettblau Tiefe, die Verbenen 'Sissinghurst' und 'Novalis Brillantrosa' eignen sich dafür.

Freunde feiner Farbabstufungen wird dieser Ton in Ton abgestimmte Balkonkasten begeistern. Darin verweben sich die Blattpflanzen: *Helichrysum petiolare* 'Limelight', gelbgrün, *Helichrysum petiolare* 'Microphyllum', zinngrau, und *Senecio viravira*, silberweiß, mit den weiß gerandeten Blättern der Efeu-Geranie, *Pelargonium* 'Flakey'. Dazwischen die aparte Petunie (Surfinia) 'Blue Vein Surfina'.

WENN DIE ASTERN BLÜHEN

Weil Pflanzen der Sommerzypresse selten angeboten werden, zieht man sie aus Samen heran. Das lohnt sich durchaus. Als schnelle Übergangslösung kann man sie als kleine Hecken, als ruhigen Hintergrund und als Herbsteffekt einsetzen.

Es ist Herbst geworden. Im Garten blühen die Schleierastern und der bunte Sommerflor auf der Terrasse zeigt leise Ermüdungserscheinungen. Rechtzeitig sorgt jetzt die Federbusch-Celosie, *Celosia plumosa*, für einen neuen Impuls: Aufrecht, ohne eine Spur von Verwelken und über Wochen blüht diese dankbare Pflanze. Sie erfreut darüber hinaus mit ihrem Laub, das sich nach und nach zuerst braunrot, dann lebhaft pink färbt. Dieses Blätterspiel wird aufgegriffen von dem roten Ziergras daneben, von *Imperata cylindrica* 'Rubra'. Wenn man genau hinschaut, entdeckt man eine Aster im Topf, vielleicht *Aster ericoides* 'Blue Star', die spielerisch von der Terrasse zu den Rosen überleitet, hin zu den blauen Asternschleiern im Garten. Oder umgekehrt das Beet zum Haus heranholt. Es spricht also nichts dagegen, Herbst-Astern für ein Jahr in großen Töpfen zu kultivieren und mit anderen späten Pflanzen zu kombinieren. Wie *Aster prostrata* 'Snowflurry', die ganz untypisch statt in die Höhe in die Breite wächst, weit über den Kübelrand herunterhängt und spät im Herbst mit kleinen weißen Blüten überschüttet ist. Es reizt, sie mit hohen Fetthennen und Fuchsroter Segge zusammenzubringen.

Aster sedifolius 'Nanus' gefällt, weil sie fein verästelte Triebe hat, feine hellgrüne Blättchen, hell lavendelblaue Blüten und eine lange Blütezeit ab Ende August. Etwas höher und genauso fein strukturiert wächst *Aster pringlei* 'Monte Cassino'. Bis in den November hinein sind die wogenden Büsche dieser besonderen Sorte mit kleinen weißen Blüten überschüttet. Das wäre ein ausgefallenes Bild: Weiße Asternbüsche zwischen roten Sommerzypressen! Dass in dieser zu Unrecht in Vergessenheit geratenen einjährigen Pflanze mehr steckt, zeigt das Beispiel vor einem Hauseingang. Solitär, erst grün, dann feuerrot, in Gesellschaft einer immergrünen Stechpalme, *Ilex crenata* 'Fastigiata' – einige Prachtexemplare von *Bassia scoparia* 'Trichopylla' machen im Topf durchaus eine gute Figur.

DER KROKUS-TOPF

Dem blau glasierten Terrakotta-Gefäß, das einer antiken Kraterform nachgebildet ist, entspricht eine eher repräsentative Gestaltung mit einheitlich weißen Hyazinthen. Aber man kann sich durchaus auch einen dichten Teppich aus hellblauen Traubenhyazinthen darin vorstellen.

Ein gelber Schmetterling flattert über den Krokus-Topf: der erste Zitronenfalter am ersten warmen Märztag. Ich weiß nicht, worüber ich mich mehr freuen soll, über den geflügelten Frühlingsgruß oder darüber, dass *Crocus* 'Vanguard' zum zweiten Mal im gleichen Kübel blüht. Denn die Erfahrungen mit Zwiebelblumen im Topf sind nicht immer nur gute. Die besten Ergebnisse erziele ich so: Die Töpfe oder Kunststoff-Container haben mindestens 20 Zentimeter Durchmesser, vor allem für größere Zwiebeln. Zuunterst kommt eine drei Zentimeter starke Dränage aus Tonscherben oder Hartschaumstoff, in Stücke gebrochen, darauf Einheitserde mit Depotdünger und Blähton. Von der Mitte aus angeordnet sitzen die Zwiebeln verhältnismäßig eng beieinander, jedoch mit einem deutlichen Abstand zum Gefäßrand. Die bepflanzten Container stehen dicht an dicht im Regenschatten einer Konifere und im Schutz einer Mauer. Wichtig: Sie dürfen den Winter über nicht zu nass sein. Sobald die Zwiebeln austreiben, sind ein heller Platz und Frühjahrsfeuchtigkeit nötig, damit sie sich natürlich entwickeln können.

Genauso ist es dem Krokus im Kübel ergangen. Mit einem Unterschied: Im späten Frühling, wenn die Blätter der zarten, lila Blumen zu welken beginnen, treiben die drei Lilienzwiebeln kräftig aus, die unter den Krokusen sitzen. Es lohnt sich, so schnell vergehende Frühlingsboten in Töpfen zu ziehen. Ja, mit den herrlichen, weißen, duftenden Lilien der Sorte 'Aubade' feiert der Krokus-Kübel auf der Terrasse noch ein Sommerfest. Er bleibt danach zwischen den anderen Kübeln stehen und wird ab und zu mit gegossen, ein wenig vergessen schließlich. Und siehe da, im Jahr darauf treiben die zarten lila Knospenspitzen alle wieder aus! Zwiebeln müssen also nicht generell jedes Jahr erneuert werden, wenn das Gefäß geräumig und das Substrat gut ist.

Crocus 'Vanguard' erlebt seinen zweiten Frühling im Topf in voller Schönheit, der Sonne zugewandt. Lieber gelber Schmetterling ...

TULPEN IM NEST

Manchmal lassen sich die Lebensbedingungen von Zwiebelblumen in einem Topf sogar besser erfüllen als im Garten. Man kann zum Beispiel Schachbrettblumen recht feucht halten, frühe Zwiebeliris dagegen im Sommer knochentrocken. *Fritillaria meleagris*, die zauberhafte Blume feuchter Wiesen, braucht zum dauerhaften Wohlergehen den grünen Daumen des Liebhabers. Die zwergige, veilchenblaue *Iris reticulata* hingegen eignet sich gut für die Topfkultur: Man pflanzt die kleinen Zwiebeln mit den netzartigen Schalen relativ flach in ein kalkhaltiges Substrat und beachtet, dass sie keinerlei Staunässe vertragen. Eingeschlagen, dunkel, verbringen sie den Winter. Ab Februar möchten sie sonnig und warm stehen: auf einem Terrassentisch, auf einer Fensterbank, nah genug für uns, um ihren Duft wahrzunehmen, den orangefarbenen Fleck auf den hellblauen Blüten der Sorte 'Cantab' zu betrachten, und die subtile grüne Zeichnung der weißen 'Natascha'. Besonders zart und anrührend wirken sie natürlich zusammengepflanzt mit anderen Vorfrühlingsblühern; dies macht man entweder im Herbst oder man steckt die Zwiebeln in kleinere Gefäße und fügt sie später ein. Christrosen, Schneeheide, Schneeglöckchen – die man knospig auch aus dem Garten ausgraben kann –, kleine immergrüne Gräser, Efeu runden das Bild.

Einige Wochen später: Aus einem Nest, einem grün angemalten Kranz aus Weidenruten, mit feinen Zweigen zierlicher Gehölze besteckt, blühen frühe *Tulipa humilis* var. *pulchella* 'Lilac Charm'. Im Graskranz daneben liegt ein Ei aus Ton. Töpfe mit Mini-Stiefmütterchen und Hornveilchen und einem himmelblauen Stauden-Vergissmeinnicht im Hintergrund rahmen die Gruppe ein.

Den Wunsch, zu beschützen, wecken auch andere kleine Tulpen: *Tulipa tarda* öffnet ihre weißen Blüten mit gelbem Auge zu sternförmigen Blütensträußen. Die dunkelgelbe *Tulipa clusiana* var. *chrysantha* ist außen rot getönt. *Tulipa biflora* ist eine delikate Zwergtulpe, weiß mit gelber Mitte, außen grünlich violett getönt, mehrblütig.

Kleine Zwiebeliris in ihren Töpfchen hübsch im kleinen Korb verpackt sind eine helle Freude oder ein willkommenes Frühlingsgeschenk.

KÜBEL-WECHSEL-DICH

Ranunkeln kauft man überwiegend vorgezogen. Romantisch, lieblich, wirkt *Ranunculus asiaticus* mit Hornveilchen, Maßliebchen, Vergissmeinnicht. Die gelben, orangefarbenen und rot blühenden Sorten passen gut zu Stiefmütterchen, sowohl Ton in Ton als auch in lebhaftem Kontrast zu Blau und Violett.

Die Tulpen sitzen in einem Container, der Container sitzt im Kübel. Und es ist nicht der erste in diesem Jahr. Schon Wochen vor der gefüllten lilafarbenen 'Lilac Perfection' glühte an dieser Stelle ein Tuff der mehrblütigen *Tulipa greigii* 'Quebec': orange, gelb geflammt, strahlend – genauso schön wie die Schwestersorten 'Toronto', rot, orange, und 'Orange Toronto', orange, mit gestreiftem Laub. Eine Zwiebel, ein verzweigter Stiel. Mehrere Zwiebeln, ein schwingender Blumenstrauß.

Das können auch andere Tulpen: Die spät blühenden Sorten 'Georgette', gelb, rot gerandet, 'Red Georgette', kardinalrot und gelb, und 'Orange Bouquet' hellorange und gelb. *Tulipa praestans* 'Unicum' ist wirklich ein Unikum; ihre roten Blütensträuße stehen über breit weiß gerandeten Blättern. Im Topf gedeihen auch gefüllte Tulpen, die sich in manche Gärten schwer integrieren lassen; sie haben hier eine ganz andere Stellung, Blumen in der Vase vergleichbar. Pflanzen Sie die zauberhafte rosige 'Angelique' in einen Maßliebchen-Kranz und 'Mount Tacoma', die aussieht wie ein weiße Pfingstrose, in ein Vergissmeinnicht-Bett!

Nach dem Verblühen können Tulpen im Gefäß an einem unauffälligen Platz welken, einziehen und ausreifen; dabei wollen sie recht trocken stehen. Sie bleiben, je nach Typ, bis zu zwei Jahren im Kübel, spätestens dann pflanzt man sie in den Garten.

Es gibt unendlich viele Lieblingstulpen: 'Princess Irene', orange, grau, lila gezeichnet, und 'Apricot Beauty', pfirsichrosa, sind ideal für Terrakotta-Gefäße. Zwei große, blau glasierte Kübel, bepflanzt mit weißen, lilienblütigen 'White Triumphator', wirken hinreißend.

Vorschlag für einen kleinen Kübelgarten im April/Mai: die einfache, weiße, frühe Tulpe 'Diana'; danach grünweiße *Tulipa viridiflora* 'Spring Green'; weiße Akelei, *Aquilegia* 'Kristall'; Schlüsselblumen, *Primula veris*, und *Arabis caucasica* 'Plena', weiß, gefüllt. Eingerahmt von *Viola cornuta* 'Sorbet Lemon Chiffon', hell zitronengelb, und *Euphorbia myrsinites*, limonengelb, am Gefäßrand.

NARZISSENGÄRTCHEN

Im geräumigen Kübel aus Kreta wächst und blüht ein kleiner Frühlingsgarten aus Zwiebelblumen, Stauden und Einjährigen. Hell und duftig, weiß, hellblau, ein wenig gelb getupft soll es sein. Unter diesem Motto haben sich zusammengefunden: das ausdauernde weiße Tränende Herz, *Dicentra spectabilis* 'Alba', ein kleiner Efeu, die gefüllte Narzisse 'Sir Winston Churchill' und blaue Hyazinthen, das reizende, gelb und hellblaue Hornveilchen, *Viola cornuta* 'Sorbet Yellow Frost' und das himmelblaue Vergissmeinnicht *Myosotis* 'Annemarie Fischer'. Diese ältere, fast vergessene, zarte Sorte ist jetzt wieder als Samen erhältlich.

Ob die Zwiebelblumen in diesem Ensemble wohl im austauschbaren Container sitzen? So oder so. Wie weit man solch Wechselspiel treiben will, hängt vom Platz, von der Zeit und von der Lust ab. Auf jeden Fall ist es eine schöne Möglichkeit, mehrere Sorten nacheinander aus der Nähe zu erleben, um sie später vielleicht an einen optimalen, tatsächlich noch freien Platz im Garten auszupflanzen, den man im Herbst möglicherweise nicht erkannt hätte.

Vorschlag für einen kleinen Frühlingsgarten in einem großen Gefäß: ausdauernder Islandmohn, *Papaver nudicaule*, *Euphorbia polychroma*, *Arabis* × *arendsii* 'Rosabella', Schnittlauch, *Allium schoenoprasum* und großkronige Narzissen. Zum Austauschen etwa in der Reihenfolge ihrer Blütezeit: 'Ceylon', 'Ambergate', 'Modern Art'. Dazu Goldlack, *Erysimum* × *allionii*, in verschiedenen Schattierungen und Stiefmütterchen aus der Farbskala.

Auch für so gedrängte Zusammenstellungen muss man große, vor allem hohe Gefäße nicht ganz mit Pflanzsubstrat füllen; eine Schicht von 20 bis 35 Zentimeter genügt. Die Resthöhe gleicht man mit einer entsprechenden Dränageschicht aus, die mit Flies abgedeckt wird, um das Verschlämmen zu verhindern.

Noch etwas: Stecken Sie doch einmal Zweige des Buchsbaumes dicht wie eine kleine Hecke am Rande eines Kübels entlang. Schon haben Sie einen anderen Rahmen für Ihren Kübelgarten.

Zu feinen orangefarbenen Hyazinthen passen zum Beispiel die weißrosa Narzisse 'Satin Pink' und die Tulpe 'Apricot Beauty'. Als Kontrast sehen tief dunkle Stiefmütterchen und Vergissmeinnicht geheimnisvoll aus, vor allem, wenn das Ensemble durch eine schwarzblaue Kaiserkrone, *Fritillaria persica*, gekrönt wird.

LILIENFREUDEN

Die attraktive Lilienzeit lässt sich durch die Auswahl der Sorten verlängern: Zuerst blühen die Mid-Century- oder Asiatischen Hybriden mit einfachen, offenen, meist nach oben gerichteten Blumen, dicht gefolgt von trompetenförmigen Aurelian-Hybriden, danach, meist erst im August, die Oriental-Hybriden mit großen, apart gewellten Schalenblüten.

Das hatte ich mir so schön ausgedacht: Zwei bodendeckende Rosen 'Alberich' in einem Kübel. Sie blühen mit langen Dolden kleiner, gefüllter, johannisbeerroter Röschen. Gleichzeitig sollen dunkelroter Mohn und cremefarbene, rotzipfelige Lilien blühen und blaue Glockenblumen über den Kübelrand hängen. 'Lollipop' heißt die Sorte, eine asiatische Lilie; sie ist ohne Fehl und Tadel – doch von Rosenblüten und Mohn keine Spur. Das Arrangement scheint aus fotografischer Sicht fehlgeschlagen.
Aber als Gartenfreund kann man es auch anders betrachten: In einem Rosen-Kübel muss sich gar nicht alles auf einmal zeigen, sondern ein Glanzlicht löst ein anderes ab. Wenige Wochen später: Die wunderschöne 'Alberich' hat jetzt das Sagen, zierlich begleitet von hängenden Polsterglockenblumen, *Campanula poscharskyana* 'Blauranke'. Im Hintergrund blühen Geranien und gefülltes Mutterkraut. Bis auf den Mohn, durch *Papaver commutatum* 'Ladybird' ersetzt, bleibt der Topf etwa drei Jahre unverändert, nur die oberste Substratschicht wird vorsichtig ausgetauscht. Im zweiten Jahr haben sich die Lilien bereits verdoppelt!

Wie viele Zwiebelbumen blühen Lilien nur eine verhältnismäßig kurze Zeit. Deshalb handhabt man sie ähnlich wie Tulpen oder Narzissen, gibt Dränage, lockeres gutes Substrat und Depotdünger. In der Regel setzt man jedoch nur drei bis fünf Zwiebeln je Topf oder Container, und zwar sehr gut auch im zeitigen Frühjahr, weil dann das Angebot meist vielfältiger ist als im Herbst.

Übrigens gedeihen Lilien im Gefäß oft viel besser als ausgepflanzt im Garten. Besonders intensiv duften: *Lilium regale* und ihre Hybriden, zum Beispiel die reinweiße 'Album', 100 Zentimeter; Aurelian-Hybriden, zum Beispiel 'Pink Perfection Strain', rosa, 150 Zentimeter; 'African Queen Strain', aprikosenfarben, 100 Zentimeter; die Oriental-Hybriden zum Beispiel 'Red Jewel', weinrot, 60 Zentimeter; 'Stargazer', rot, 130 Zentimeter; 'Mediterranée', pink, 70 Zentimeter.

IM HALBSCHATTEN

Weiß blühendes *Abutilon*, weiße gefüllte Knollen-Begonien und ein Traumtopf aus Impruneta spielen ein heiteres kleines Stück, das von runden Blütenformen und runden Relief-Formen handelt. Die Scheinrebe, *Ampelopsis brevipedunculata*, die zierlich über den Kübelrand hängt, übernimmt nur eine bescheidene Rolle. Trotzdem verdient diese Blattpflanze Beachtung, kann sie doch kühl und dunkel überwintern und völlig zurückgeschnitten werden. Außerdem passt sie hervorragend zu Knollen-Begonien, denn diese prächtigen Blütenpflanzen mit den tropisch anmutenden Blättern erscheinen rund, vollkommen, ohne den Wunsch nach Ergänzung. Eine gefüllte Knollen-Begonie ist ein in sich selbst ruhendes Schmuckstück. Ich sehe in ihnen zauberhafte vereinzelte Lichtpunkte im grünen Halbschatten, gezielte Farbimpulse im sonnigen Wanderschatten: Geradezu edel wirkt *Begonia* 'Nonstop Apfelblüte' neben einer blaublättrigen Funkie und in einem dunkelblau glasierten, asiatischen Kübel schimmern ihre schneeweißen, außen rosa getönten Blumen noch feenhafter. 'Nonstop Orange' bekommt einen Terrakotta-Topf und die verspielte weiß und rot gezeichnete 'Nonstop Rosa Petticoat' ein keckes, rot glasiertes Gefäß. 'Ornament Hellrosa' betört wie eine Rose.

Hängende Begonien der Serien 'Panorama' und 'Illumination' sind nicht so stark gefüllt, blühen dafür überreich an verzweigten Stielen. Eine Ampel 'Illumination Weiß' ist ein Ereignis! Man legt flache Begonienknollen im Frühjahr dicht nebeneinander in eine Schale mit feuchtem Torf oder Blumenerde, mit der runden Seite nach unten. Dann hält man sie warm und setzt sie nach dem Blattaustrieb in ein nicht zu kleines Gefäß in gute Blumenerde, Pflanzabstand 20 Zentimeter. Ab Anfang Mai kann man sie ans Freie gewöhnen. Blätter der Knollen-Begonien vertragen keinen Frost! Begonienblüten wachsen zum Licht; die der dicht gefüllten Sorten sind etwas empfindlich gegen Regen und Wind – all dies spielt mit bei der Wahl des geeigneten Standortes.

Lilien lieben die Sonne. Aber im Topfgarten sind sie ja mobil und nehmen auch einen vorübergehenden Schattenplatz nicht übel: Besonders weiße Lilien sehen vor dunklem, blattgrünem Hintergrund edel aus. Ist 'Aubade', die Oriental-Hybride im Krokus-Topf, nicht wunderschön?

DIE SCHÖNE MEXIKANERIN

'Bishop of Landaff' bleibt im Kübel für sich. Sie harmoniert trotzdem mit anderen Kübeln, zum Beispiel mit weißen Strauchmargeriten oder dem blau blühendem Kartoffelstrauch. Auch ein unkompliziertes Ensemble aus weißen, stehenden Geranien, roten Buntnesseln, roten Petunien und violettblauem Heliotrop ist ein guter Nachbar.

Knollen-Begonie und Dahlie – beide sind in ihren Ursprungsformen in Mittelamerika heimisch. Beide sind durch züchterische Fantasie zu Schmuckpflanzen erster Ordnung avanciert, farbenfroh, leuchtend, prachtvoll. Doch anders als die Begonie, die grelle Sonne nur bedingt erträgt, kann es der schönen Mexikanerin nicht sonnenwarm genug sein. Sie toleriert extreme Standorte sogar im Kübel, wenn er nur groß genug ist und wenn reichlich gedüngt und gewässert wird, ohne dass dabei Staunässe entsteht.

Jeder vernünftige Topfgärtner, der Dahlien mag, pflanzt kleinwüchsige Sorten in seine Kübel. Die Auswahl ist beglückend groß: Mignon-Dahlien, Top-Mix-Dahlien, Dahlianova und wie sie alle heißen. Sie blühen reich und unermüdlich mit einfachen, aber auch mit rund gefüllten Blumen, und ihr Farbenspiel lässt kaum Wünsche offen.

Inzwischen gibt es viele niedrige Dahlien mit den gleich attraktiven, großen Blüten wie die hohen Sorten. Sie sind ideal für kleinere Gärten und Gartenfreunde, die bei den Dahlien zwar die Blüten schätzen, denen aber das Kraut zu viel ist. Dahlien mit halb so viel Kraut: Das wäre doch was für einen großen Kübel! 'Die Berliner Kleene', eine rosenrosa Schmuckdahlie, nur 40 Zentimeter hoch; oder 'München' mit gelben Blumen und 'Galery Pablo' in zartem Apricot, beide 50 Zentimeter hoch.

Und dann gibt es Topfgärtner, die haben sich in 'Bishop of Landaff' verliebt. Diese herrliche, dunkellaubige Dahlie mit roten, ungefüllten Blüten kann im Garten zwei Meter hoch werden! Was wäre daran unvernünftig? In zwei großen, hohen Terrakotta-Kübeln rechts und links neben einer Tür wachsen gut meterhohe, rotbraune Blattbüsche mit vielen roten Dahlien-Blumen. Faszinierend! Erzählenswert ist hier der Mut zur ausgefallenen Geste.

Ein Vorschlag: Die pinkfarbene, hell gezeichnete, preisgekrönte Schmuckdahlie 'Faszination' besticht sowohl durch ihre Blüten als auch durch dunkel getönte Blätter. Oder sind 150 Zentimeter doch zu unvernünftig für einen Kübel?

ATTRAKTIVES SCHLUSSLICHT

Die ebenfalls in Südafrika heimische *Nerine sarniensis* und ihre Sorten bringen ungewohnte Farben in den herbstlichen Zwiebel-Topfgarten; von Reinweiß über Scharlachorange bis Blaurot. Mit großen Blütendolden an hohen Stielen gelten sie als besonders schön.

Wie kleine, brennende, rote Sonnen tanzen die Blüten der Dahlie 'Bishop of Landaff' über dem Staudenbeet. Gräser und Samenstände des roten Fenchels weben filigrane Muster zwischen hohe Astern und hohe Fetthennen und Wolfsmilch. Doch der Clou im Zusammenspiel der Pflanzen sind die Blätter des Indischen Blumenrohrs, *Canna indica* 'Tropicana': aufrecht geschwungen, scharf rot, gelb und grün gestreift wie ein Stoffmuster. Diese überaus dekorative Blattpflanze hat noch dazu orangefarbene Blüten. Leicht könnte sie der absolute Star sein, auch im herbstlichen Topfgarten, in dem es nach und nach ruhiger wird.

Wenn man keine Nerinen hat! Denn *Nerine bowdenii* aus Südafrika entfaltet im Kübel erst spät im Blumenjahr ihre bizarren pinkfarbenen Blütendolden. Wir kennen sie aus der Floristik als haltbare Schnittblumen, doch die Aufnahme im Garten einer Schweizer Blumenfreundin veranschaulicht, dass sie auch als Topfpflanze gut zu kultivieren ist. Sie zeigt außerdem, wie effektiv es sein kann, sich zu konzentrieren. Mit einem Kübel beginnt es: Man pflanzt eine oder mehrere Zwiebeln im Hochsommer in nahrhafte Blumenerde; dabei soll der Zwiebelhals noch eben aus dem Substrat herausschauen. An einem warmen Platz aufgestellt treiben sie bald aus, erst dann wird gegossen und gedüngt. Nach dem langen, attraktiven Blühen sollen sie hell und kühl überwintern; man wird weiter gießen, bis im Frühjahr die Blätter vergilben. Während der nun folgenden Ruhezeit steht die Pflanze trocken und warm. Sobald sich im Spätsommer Anzeichen neuen Lebens zeigen, fängt der Kreislauf von vorne an.

Nerinen vermehren sich rasch und bleiben trotzdem einige Jahre im gleichen Topf, auch wenn es darin eng zu werden droht; lediglich die obere Erdschicht wird vorsichtig erneuert. Die Gärtnerin der tanzenden roten Dahlien-Sonnen reiht ihre Nerinen-Kübel am Zaun auf und stellt sie zwischen rosa Fuchsien, neben himmelblauen Plumbago. So schnell kann dort keine Herbstmelancholie aufkommen!

ALLERLEI ESSBARES

DIE GUTEN INS TÖPFCHEN

Junge Salatpflanzen bekommt man auf den Wochenmärkten für ein paar Pfennige. Einzeln in Töpfe gesetzt wachsen sie sich zu erfrischend grünen Wuschelköpfen aus, die lange attraktiv aussehen und die man zu guter Letzt aufessen kann: zum Beispiel Romanasalat 'Bakito', dunkelrot, aufrecht; 'Lollo' und 'Lollo Rossa', mit gekraustem Kopf; Pflücksalat 'Ibis', rot gekraust; Hirschhornwegerich, *Plantago coronopus*, grün gezackt. Alle überraschen im Topf – ja sogar ein ganz einfacher Kopfsalat!

Wie im Garten kann man Kräuter und Blumen auch im Kübel mischen: Um bunt gestielten Mangold, *Beta vulgaris* var. *vulgaris* 'Vulkan' und 'Bright Lights', rankt gelbbättriges *Helichrysum*. Wilde Rauke, *Eruca sativa*, wächst aus einem Kranz *Lobularia maritima*. Toskanischer Palmkohl, 'Nero di Toscana tardivo', eine Spielart des Grünkohls, *Brassica oleracea* var. *sabellica*, überragt einen Teppich niedriger Kapuzinerkresse. Zwischen Töpfen mit Blumen und Petersilie glänzen die Früchte der Zwergtomate 'Minibel', die Topfformat nicht überschreitet; und schöner als der dunkle Basilikum *Ocimum basilicum* 'Opal' kann keine Blattschmuckstaude sein.

Einen dichten, kompakten, kniehohen Blattbusch entwickelt die Prunkbohne 'Hestia'; sie hat rotweiße Blüten und ist essbar. Erdbeeren sehen reizend aus. Der Rosmarin kann sich zwischen grauen Zierblattpflanzen durchaus sehen lassen. *Rosmarinus officinalis* 'Jackman's Prostrate' wächst aufrecht und blüht besonders intensiv blau. Schön als Hochstamm-Bäumchen: *Rosmarinus prostratus* 'Corsicus', er entwickelt sich flach und überhängend. Beide sind nicht frostsicher, können aber kühl und sogar recht dunkel überwintern.

Im Long Tom gesehen: Ein Bergbohnenkraut, *Satureja montana*, ist eine wünderschöne, kleine, weiß blühende, schmackhafte Würzpflanze. Das gilt auch für Thymian, Oregano, Salbei und Ysop.

Salat und Gemüse lieben einen sonnigen Standort, ausreichend Wasser und Dünger. Kräuter im Topf bevorzugen einen ähnlichen Standort.

Die Töpfer haben sich auch zu diesem Thema etwas ausgedacht: einen Topf mit Pflanznischen. Auf einem Balkon, gleich neben der Küchentür, ist dies eine Platz sparende Möglichkeit, verschiedene Kräuter zu halten. Oder kleine Blumen. Dieses Sammelgefäß hat gegenüber einzelnen Töpfen den Vorteil, nicht so schnell auszutrocknen.

ZUM ESSEN ZU SCHADE

Im Kübel kommen farbige Mangoldstiele noch besser zur Geltung als im Beet. Rot und Gelb steigern die Wirkung ins Grandiose. Deshalb eignen sich als Nachbarn Sonnenblumen, Sonnenhut, Kapuzinerkresse und die feurig orangefarbene *Tithonia rotundifolia* 'Fiesta del Sol', die nur 50 Zentimeter hoch wird.

Aus der letzten Textseite dieses Buches ist eine Gemüse-Seite geworden, weil wenigstens eine der vielen essbaren oder zierenden Kohlformen im Bild gezeigt werden muss. Alle Kohl-Töpfe sind die reinste Freude! Hier ein dunkler Grünkohl, unterpflanzt mit kleinen Gräsern und Monatserdbeeren, der wie jeder Grünkohl schon besonders früh einen aufstrebenden Habitus hat. Die Sorte 'Lerchenzungen' bleibt etwas gedrungen; sie hat schmale hellgrüne Blätter, 'Redbor' tief rotbraune, stark gekrauste. Nein, sie sind zum Essen zu schade!

Genauso der Zierkohl: *Brassica oleracea* kann man im Frühjahr selbst aussäen. Spannender aber ist es, auf den Märkten nach ausgefallenen Formen und Farbzeichnungen zu suchen: Es gibt Zierkohl, der wie eine große Rose aussieht, ein anderer gleicht eher einer bizarr gezackten Dahlie. Glatt, gekraust, gefranst, hell geadert. Rot, Grün, Weiß – die Kombinationen scheinen unerschöpflich.

Zuerst sitzen die großen Pflanzen behäbig im Topf, weder Wind, noch Regen, noch Schnee können ihnen das Geringste anhaben. Im Gegenteil, sie werden immer schöner und spielen Zauberspiele mit dem Raureif. Mit den ersten wärmeren Tagen beginnen sie sich geheimnisvoll zu entfalten. Und eine märchenhafte, weiße, hohe Kohlblume bekommt im März Knospen, um im späteren Frühling mit einem imposanten, weit verästelten Blütenstand zu überraschen.

Was ist denn das? Richtig: Im März blühen im Süden der Türkei fast mannshohe, gelbe Kandelaber aus dem Geröll. Es sind keine Königskerzen, sondern wilder Kohl. Übermannshoch stehen sonnengelbe Dolden gegen den blauen Himmel. Es sind zwei überaus attraktive Fenchel. Am Straßenrand, im Schotter, dicht am Boden, blüht eine rosaweiße Winde. Welch eine Freude, sie in einem Katalog zu finden; *Convolvulus boissieri* subsp. *boissieri* ist ein ganz spezielles Pflänzchen für einen speziellen Topf und eine spezielle Pflanzenliebe. Denn ein wenig Fernweh und der Wunsch nach Inspiration sind beim Gärtnern in Töpfen immer mit dabei.

PFLANZENLISTEN

Hier finden Sie die wichtigsten Pflanzen für Topf und Kübel nach verschiedenen Verwendungsmöglichkeiten in Gruppen zusammengefasst. Dazu einige Kurzinfos, auch von Arten und Sorten, die im Text nicht erwähnt sind. Bei den Höhenangaben handelt es sich um Mittelwerte, die nicht mit der Wuchskraft frei ausgepflanzter Exemplare übereinstimmen.

Gehölze

Winterfeste Gehölze für die Sonne

Buchsbaum, *Buxus sempervirens* 'Suffruticosa': Schnittverträgliches Kleingehölz, bis 100 cm. 'Herrenhausen', hellgrünes Blatt, 60 cm. 'Blauer Heinz', blaugrün, sehr langsam, 30 cm hoch wachsend.

Lebensbaum,*Thuja occidentalis:* Immergrün, schnittverträglich. 'Danica', gelbgrün, kugelig, 50 cm. 'Tiny Tim' wächst kugelig, Nadeln sind auch im Winter dunkelgrün, langsam wachsend, 30 cm hoch.

Pfaffenhütchen, *Euonymus alatus:* Hoher Zierwert durch borkige Rinde, helles Laub und karminrote Herbstfärbung. Robust. 150 cm hoch und breit wachsend.

Rose, *Rosa:* Besonders geeignet sind Zwergsorten, Bodendeckerrosen und einige Alte Rosen.

Winterfeste Gehölze für den Halbschatten

Buchsbaum, *Buxus sempervirens* 'Suffruticosa'. Mehr Informationen zur Pflanze unter dem Abschnitt: Winterfeste Gehölze für die Sonne.

Hortensie, *Hydrangea:* Benötigt saures Substrat. *H. macrophylla* 'Bodensee', breitbuschig, großblumig leuchtend blau; 130 cm hoch. *H. macrophylla* subsp. *serrata* 'Bluebird', Blüte schirmförmig aus fertilen Blüten und Randblüten, blau, 150 cm.

Japanische Azalee, *Rhododendron obtusifolium:* Kleinblättrig, fein verzweigt, halbimmergrün. Zur Blütezeit im Mai ein Farbenrausch: 'Diamant Rosa' leuchtend reinrosa, 30 cm, doppelt so breit. 'Rosalind' großblumig, rosa Spitzensorte, 70 cm. Saures Substrat wählen und kalkhaltiges Gießwasser meiden. Japanische Azaleen vertragen viel Sonne!

Japanische Skimmie, *Skimmia japonica:* Lorbeerähnlicher, immergrüner Busch. Cremefarbene Blütenrispen im April. Duft! Kugelige rote Beerenfrüchte im Herbst. 'Rubella' hat rötliche Blütenknospen im Winter. Die Pflanze wächst etwa 130 cm hoch.

Japanischer Blumen-Hartriegel, *Cornus kousa:* Elegant aufrecht. Weiße Scheinblüten im Juni, Kugelfrüchte im Herbst. Auffallende, lang anhaltende Herbstfärbung. Bevorzugt saures Substrat. 250 cm.

Rhododendron, *Rhododendron: R × degronianum* subsp. *yakushimanum*. Kleinwüchsige, immergrüne Sträucher mit überreicher Blütenfülle. 'Marlis', weißwolliger Blattaustrieb, pinkrot, 90 cm. 'Silberwolke' silbrigrosa, 100 cm. Saures Substrat wählen und kalkhaltiges Gießwasser meiden.

Schwarzrohr-Bambus, *Phyllostachys nigra:* Vitaler Solitär. Standort warm, hoher Wasserbedarf! Im Winter vor Sonne schützen und Topfballen einpacken. Bis 300 cm hoch wachsend.

Schutzbedürftige Gehölze für die Sonne

Tiefere Temperaturen vertragen:

Granatapfel, *Punica granatum:* Feinverzweigter Busch mit zierlichen, rötlich austreibenden Blättern, Blüte Mai bis September. Rote Früchte im Herbst. 200 cm. Die Zwergform 'Nana' ist ebenso hübsch, doch nur 100 cm hoch. Überwinterung im Hellen, wenn Dauerfrost einsetzt.

Klebsame, *Pittosporum tobira:* Schnittverträgliche, immergrüne Blattschmuckpflanze. Blüte April bis August, weiß, süß und duftend. Überwinterung hell, kühl, bei strengem Frost. Bis 200 cm hoch.

Kreuzkraut, *Brachyglottis repanda* 'Sunshine': Kleiner Blattschmuckstrauch. Die grauen runden Blätter sind unterseits weißwollig und wirken daher weiß umrandet. Immergrün. Blüte gelb. Im Weinbauklima winterhart. Bis 150 cm hoch.

Lorbeer, *Laurus nobilis:* Der Klassiker unter den Kübelpflanzen. Er ist immergrün und würdevoll. Wird erst bei strengem Frost eingeräumt und bei etwa 10 °C möglichst hell überwintert. Nicht austrocknen lassen! Formschnitt ist möglich. Wird etwa 200 hoch.

Lorbeerschneeball, *Viburnum tinus:* Altbewährte immergrüne, breit wachsende Kübelpflanze. Warmer Standort im Sommer, im Winter ideal bis etwa 5 °C. Anspruchsloser, duftender Frühlingsblüher: 'Froebellii' Blatt hellgrün, Blüte weiß, gedrungen 150 cm; 'Strictum' straff aufrecht, 200 cm hoch wachsend. Rückschnitt ist möglich
Mönchspfeffer, *Vitex agnus-castus:* Großstrauch mit graugrünen schmalen Blättern und blauen Blütenrispen von Spätsommer bis Herbst. Nur vor strengem Frost schützen, kann auch im Dunkeln überwintert werden. Wird etwa 180 cm hoch.
Myrte, *Myrtus communis:* Immergrüner Busch mit kleinen aromatischen Blättern und süß duftenden weißen Blüten im Mai/Juni. Hoher Licht- und Wasserbedarf, jedoch keine Staunässe! Ab –5 °C ins Haus holen. Die Überwinterung sollte hell und kühl erfolgen. Der Ballen darf nicht austrocknen. Schnittverträglich. Bis 150 cm hoch.
Nachtschatten, *Solanum jasminoides:* Schnell wachsender Schlinger, aber auch graziöse Ampelpflanze. Weiße Sternenblüten zieren den ganzen Sommer über. Bei strengem Frost zurückschneiden, hell und kühl überwintern. Wächst 150 cm hoch.
Olivenbaum, **Ölbaum**, *Olea europaea:* Sonnig, warm, nur bei strengem Frost hell und kühl stellen. Etwa bis 250 cm groß.

Schutzbedürftige Gehölze für den Halbschatten

Niedrigere Temperaturen vertragen:
Cham-Bambus, *Fargesia nitida:* Gilt als der härteste Buschbambus. Dicht, feinblättrig, imposant. Benötigt gleichmäßige Feuchtigkeit, im Winter Schutz des Wurzelballens. 250 cm hoch wachsend.
Fuchsie, *Fuchsia:* Altbewährtes Kübelgehölz, das notfalls dunkel überwintern kann. Verpflanzen und Rückschnitt im Frühjahr. Als Hochstamm-, Fußstamm- oder Ampelpflanze ziehen.
Winterharte Fuchsie, *Fuchsia magellanica:* Kann im Garten an geschützter Stelle, gut eingeschlagen überwintern. Sonst kühl, notfalls dunkel im Haus überwintern. Schöne Sorte: 'Sharbitor' mit hellem, weißgerandetem Laub und winzigen, rosa Glöckchenblüten. Etwa 150 cm hoch werdend.
Japanischer Spindelbusch, *Euonymus japonica:* Robustes immergrünes Kübelgehölz, das sich auch schneiden lässt. Die Sorte 'Aureus' hat goldgelbe Blätter mit schmalem grünen Rand. Der Standort sollte warm und hell sein. Die Überwinterung sollte hell und kühl erfolgen. Bis 200 cm hoch.
Kamelie, *Camellia japonica* und *C. sasanqua:* Exquisites Blütengehölz. Immergrün. Saures Substrat, kalkfreies Gießwasser verwenden. Standort im Sommer hell, im Winter kühl und hell. Je nach Sorte etwa bis 250 cm hoch wachsend.

Frostempfindliche Gehölze für die Sonne

Bleiwurz, *Plumbago auriculata:* Weichtriebiger Strauch. Oft als Hochstamm, schön als Ampel. Helle Erscheinung, bezaubert durch kreideblaue Blütenähren an den Triebspitzen, selten sind sie weiß. Regelmäßige Pflege im Sommer, kühler, heller, notfalls auch dunkler Winterstandort. 150 cm hoch wachsend.
Gewürzrinde, *Senna corymbosa:* Strauch mit hellgrünen, gefiederten Blättern und goldgelben Blütentrauben, die von Frühjahr bis Herbst zieren. Im Sommer warm und hell stellen, regelmäßig gießen und düngen. Bei Frostgefahr ins Helle, nur im Notfall ein dunkles Winterquartier wählen. Bei *S. didymobotrya* sitzen die Blütentrauben an aufrechten über das Laub hinausragenden Trieben. Die Überwinterung erfolgt bei mehr als 10 °C. Cassien lassen sich im Frühjahr zurückschneiden – bei Platzmangel auch im Herbst. Wuchshöhe etwa 200 cm.
Kartoffelstrauch, *Lycianthes rantonnetii:* Aufrecht wachsender Strauch. Blüten lilablau in den Blattachseln. In der Jugend immer wieder zurückschneiden! Im Sommer einen warmen Standort wählen. Reichlich gießen, wöchentlich düngen. Im Winter hell und kühl. Wird bis zu 200 cm groß.
Löwenohr, *Leonotis leonurus:* Strauch mit aufrechten Trieben, schmalen Blättern und quirlig angeordneten orangefarbenen Röhrenblüten. Sommersonne, reichliches Gießen und Düngen sichert reichen Blütenschmuck. Der Winterstandort ist hell, kühl, auch dunkel. Die Triebe werden im Frühjahr oder Herbst bis auf den Boden zurückgeschnitten. Wuchshöhe etwa 180 cm.
Scheinmalve, *Anisodontea capensis:* Feinverzweigter kleiner Strauch mit hübschen rosa Malvenblüten, die den ganzen Sommer über zieren, regelmäßiges Wässern und Düngen ist Voraussetzung. Gelegentlicher Rückschnitt garantiert kompakten Wuchs. Dies gilt besonders für Hochstämme. 100 cm hoch.
Seideneibisch, *Alyogyne huegelii:* Sparriger Strauch, wird oft als Hochstamm angeboten. Große, seidige, violettrosa Blüten von Mai bis September. Im Sommer verträgt sie einen heißen Standort und braucht reichlich Wasser, im Winter sollte die Pflanze möglichst hell stehen. Sie wächst etwa 200 cm hoch.
Wandelröschen, *Lantana*-Sorten: Immergrüner Strauch, wird oft als Hochstamm angeboten, mit Büscheln kleiner Blüten, die ihre Farbe verändern. Zweifarbige Sorten wirken besonders apart, z.B. 'Letkiss', dunkelrosa und gelb. Die Pflanzen verlangen reichlich Dünger, viel Wasser, die Ballen dürfen nicht austrocknen! Einjährige Kultur oder helle Überwinterung sind zu empfehlen. Nach Rückschnitt notfalls im Dunkeln überwintern.

Stauden

Winterfeste Stauden für die Sonne

Bergminze, *Calamintha nepeta* subsp. *nepeta:* Aromatisch riechende, kleinblättrige, buschige Pflanze. Die aufrechten Triebe blühen von Juli bis November fein lilablau. Bienenweide. Die Pflanze wird 50 cm hoch.

Edelraute, *Artemisia:* Feines silbriges Laub. Die Sorte 'Powis Castle' wächst üppig und doch filigran, ist für etwas Winterschutz dankbar. Wuchshöhe: 50 cm. *Artemisia schmidtiana* 'Nana' hat silbrige „Streichelpolster", wächst 25 cm hoch. Beide vertragem keine Staunässe!

Fetthenne *Sedum telephium:* Attraktive Blattpflanze. Blüte ab Hochsommer in rötlichen oder auch weißen Schirmen. Anspruchslos, nur wenig düngen. Wuchshöhe: 40 bis 60cm.

Fuchsrote Segge, *Carex buchananii:* Attraktives Gras. Bereits im Sommer braune, am Ende geringelte Halme. Muss im Winter geschützt werden. Das Gras wächst 60 cm hoch.

Hornveilchen, *Viola cornuta:* Reizend und unentbehrlich. Viele Blütenfarben von April bis September, 15 cm hoch. Die himmelblaue Miniatursorte 'Baby Lucia' wird nur 10 cm hoch.

Oktoberle, *Sedum sieboldii:* Flache Triebe mit runden Blättchen. Im Herbst blüht sie karminrosa, gleichzeitig verfärbt sich das Laub intensiv rot. 15 cm hoch wachsend. Tipp: Kombinieren Sie diese Art mit einer Bergenien-Sorte.

Strauchmargarite, *Argyranthemum:* Kugeliger Busch, fedrige Blätter, weiße Margaritenblüten schmücken den ganzen Sommer über. *A. foeniculaceum* hat graugrüne Blätter. Regelmäßig gießen, düngen und Verblühtes ausbrechen. Die Überwinterung erfolgt nach dem Rückschnitt im Hellen. Wird aber meist einjährig kultiviert. Wächst 60 cm hoch, als Hochstamm entsprechend höher.

Winterfeste Stauden für den Halbschatten

Bergenie, *Bergenia*-Sorten: Gehört zu den wenigen ausgesprochen großblättrigen Stauden für Sonne und Schatten. Attraktive Blütenstängel im Frühling, Blattfärbung im Herbst und Winter. Unverwüstlich. 'Eroica'-Blüten sind violett verfärbt, die Blattfärbung ist rot. 35 cm hoch wachsend. 'Bressingham White' ist zierlicher, die Blüte weiß, die Pflanze wird 20 cm hoch.

Efeu, *Hedera helix:* Bevorzugt als hängendes Gestaltungselement. Sorten: 'Gracilis' glänzend grün; 'Duck's Foot' rundlich, grün; 'Dealbata' gelbgrün panaschiert. 'Golden Heart' dunkelgrün mit Gelb.

Funkien, *Hosta*-Sorten: Ideale Schattenstaude für Kübel. Luftdurchlässiges Substrat. Je nach Sorte zwischen 10 cm bis 80 cm groß.

Goldschuppenfarn, *Dryopteris affinis:* Wedel glänzend grün, ledrig, wintergrün. Robuster Farn, er wächst 50 cm hoch.

Immergrün, *Vinca major:* Immergrüne Blatttriebe, blaue Blüten im Frühjahr. Für Ampeln, besonders die Sorte 'Variegata' mit weiß panaschierten Blättern. Sonne und Schatten. Bis 100 cm lange Triebe.

Japanblutgras, *Imperata cylindrica:* Vom Austrieb bis Spätherbst grüne Blütter mit rotem Farbverlauf. Das Gras sollte nicht zu trocken stehen. Effektvoll im Gegenlicht! 30 cm hoch.

Japanwaldgras, *Hakonechloa macra:* 'Aureola', gelbgrün, überhängend, braune Herbstfärbung. Zu empfehlendes Gras. Wächst 30 cm hoch.

Prachtscharte, *Astilbe:* Die Crispa-Sorten haben schön gekraustes, bronzerot austreibendes Laub. Blütezeit von Juli bis August. 'Liliput' lachsrosa, 10 cm hoch, 'Perkeo' dunkelrosa, etwa 10 cm hoch. Größer, aber trotzdem kompakt wachsend, eignen sich verschiedene Sorten der Japonica-Gruppe für Töpfe: 'Deutschland' schneeweiß, 40 cm, 'Bonn' karmin, 40 cm.

Purpurglöckchen, *Heuchera:* Ein Muss! Apart geformte Blätter, die lange wintergrün sind. Lockere Blütenrispen im Frühsommer. 'Pewter's Moon', rosa, Blätter silbrig marmoriert, 50 cm hoch. H. micrantha 'Palace Purple', blüht cremeweiß, das Laub ist bronzebraun. Die Pflanze wächst 70 cm hoch.

Rippenfarn, *Blechnum spicant:* Einfach gefiederte, ledrige, immergrüne Wedel. Der Farn wächst 30 cm hoch.

Schutzbedürftige Stauden für die Sonne

Agapanthus, *Agapanthus praecox:* Immergrüne riemenförmige Blätter, blaue oder weiße Blütenbälle an hohen Stielen. Voraussetzung: Warmer Sommerstandort, gründliches Wässern, regelmäßiges Düngen, lehmhaltiges Substrat. Frostsichere Überwinterung. Nicht zu oft verpflanzen. Wird etwa 80 cm hoch.

Wolfsmilch, *Euphorbia:* Imposantestes Kübelgewächs ist *E. characias* subsp. *wulfenii:* Graphisch wirkende Triebe, schmale, graugrüne Blätter und gelbgrüne Blütenstände von April bis Juni, 130 cm hoch wachsend. Überwintert im Weinbauklima im Freien. *E. rigida:* Ähnlich attraktiv, rötlich überlaufen, Blüte von März bis Mai. Rostorangene Samenstände schmücken viele Wochen lang. Vor Frost schützen. Wuchshöhe etwa 50 cm.

Sommerblumen

Sommerblumen für die Sonne

Blaue Mauritius, *Convolvulus sabatius:* Sommerlange Freude am blauen Windenblüten. Hängend, 40 cm. Kann kühl überwintern!

Blaues Gänseblümchen, *Brachyscome multifida:* Sie eignet sich für Blumenkästen und Ampeln. 'Blue

Splendour' blüht hellblau, wächst 25 cm hoch. 'Blue Star' blüht lilablau, wird 20 cm hoch. Die Pflanzen können leicht aus Samen gezogen werden.
Bunter Goldlack, *Erysimum maritimum:* Entzückend. Weiße, rosa-lila Blütchen. Kann leicht aus Samen gezogen werden. Wächst Überhängend mit 30 cm langen Trieben.
Elfenspiegel, *Nemesia denticulata:* Mauvefarbene Lippenblüten, 35 cm, locker, schön bis zum Frost. *Nemesia fruticosa* blüht weiß, aufrecht, duftet!
Elfensporn, *Diascia:* Zartgliedrige, lange blühende Pflanze, die je nach Klimaverhältnissen teilweise ausdauernd, oft als Einjährige kultiviert wird. 'Ruby Field', rosa Blüte, 20 cm hoch im Wuchs. 'Coral Belle' blüht korallenrosa und wird 30 cm hoch. *D. integerrima* wächst aufrecht, blüht rosa, wird 35 cm hoch. Sie gilt als die härteste Art. *D. vigilis* trägt rosa, besonders große Blüten. Sie wird 40 cm hoch.
Gänseblümchen, *Bellis perennis:* Attraktive Blütenstände mit Röhrenblüten z.B. 'Tasso Mix', wird 15 cm groß.
Kapuzinerkresse, *Tropaeolum*-Sorten: Rustikale Sommerblume für nicht zu nährstoffreiches Substrat. 'Tip Top'-Serie, viele warme Farben, nicht rankend, wird 20 cm hoch. Bei 'Alaska Mixed' sind die Blätter weiß panaschiert.
Lampenputzergras, *Pennisetum setaceum* 'Rubrum': Gras mit attraktiven rotbraunen Blattspreiten, bevorzugt einen sonnigen Standort, wächst 60 cm hoch.
Löwenmäulchen, *Antirrhinum majus:* 'Black Prince' wird 50 cm groß, trägt rote Blüten und dunkles Laub. 'Floral Carpet'-Mischung wächst 20 cm hoch. 'Floral Sowers Mix' wird 15 cm hoch und zeichnet sich durch breite, dichte Polster aus – in vielen Farben. Hänge-Löwenmäulchen 'Lampion' eignet sich für Ampeln, gemischte Farben, 60 bis 90 cm.
Männertreu, *Lobelia erinus:* Schleier aus blauen, weißen oder rosafarbenen Blüten an feingliedrigen Pflanzen. 'Cambridge Blue' blüht himmelblau, wird 20 cm hoch. 'Riviera Rose' trägt karminrosa Blüten wird 10 cm hoch. 'Cascade Mix' eignet sich für Ampeln, mit 60 cm langen hängenden Trieben.
Mutterkraut, *Tanacetum parthenium:* Weiße Margaritenblüten bei den Sorten 'Rotary' 60 cm und 'Santana'. Wuchshöhe etwa 15 cm.
Salbei, *Salvia farinacea:* 'Victoria' tiefblau. 'Silver' silberweiß. Aufrechter Wuchs, blüht unermüdlich! Wird etwa 60 cm groß.
Sonnenblume, *Helianthus annuus:* Strahlend in jeder Größe. Von 'Pacino', gelb, 30 cm, bis 'Valentine', zitronengelb, 150 cm hoch. Pflanzen können leicht aus Samen gezogen werden. Reichlich wässern und düngen!
Spanisches Gänseblümchen, *Brachyscome iberidifolia:* Die 'Bravo Formelmischung' enthält 6 Farbtöne von Blau, Violett und Weiß. Die Pflanze wird 25 cm hoch. Sie ist leicht aus Samen zu ziehen.
Spanisches Gänseblümchen, *Erigeron karvinskianus:* Weiß bis Rosa, 20 bis 30 cm hoch, überhängender Dauerblüher für Ampeln oder Schmuck am „Fuß" eines Gehölzes.
Stiefmütterchen, *Viola wittrockiana:* Vertrauter Frühjahrsblüher. Tipp: Wählen Sie die Blütenfarbe aus, die bei Narzissen und Tulpen nicht vorkommt: Blau! Geeignete Sorten sind 'Fama Silberblau', 'Fama Reinblau', 'Weseler Eis Blau Lasur', 'Super Beaconsfield'. Alle werden 20 cm hoch.
Sutera, *Sutera hispida:* Lilarosa Blütchen, 60 cm hoch, feinverzweigt. Blüht bis zum Frost!
Verbene, *Verbena*-Sorten: Dauerblühende Sommerblume für Ampeln und Kästen. Doldenähnliche Blütenstände. Aufrecht wachsende Pflanzen wie aus der 'Novalis'-Serie zeichnen sich durch klare Farben aus, werden 20 cm hoch. Hängende, breit wachsende Formen sind 'Imagination', violettblau; oder 'Sissinghurst', pink. *V. peruviana* blüht feuerrot.
Ziertabak, *Nicotiana × sanderae:* Großblättrige Pflanze mit aufrechten, verzweigten Blütentrieben. Duftet am Abend! 'Havanna Appleblossom' blüht weiß bis rosa, wächst 40 cm hoch. Liebhabersorte: 'Limegreen' gelbgrün, wird 50 cm groß.
Zinnie, *Zinnia angustifolia:* In allen Teilen zierlich, Blüten einfach, weiß oder orangerot, 25 cm hoch. 'Profusion'-Serie, kompakt, 5 cm große einfache Blüten, weiß, orange oder rot, 30 cm Wuchshöhe. Für den Liebhaber: 'Dahlia Flowered Envy' grüngelbe Blüte, wird 60 cm hoch.
Zweizahn, *Bidens ferulifolia:* Obwohl die Pflanze zu den Stauden gehört, wird sie meist einjährig kultiviert. Kleine gelbe Sternblüten schmücken in Hülle und Fülle die 50 cm hohe Pflanze.
Zwergkalmus, *Acorus gramineus:* Aus Japan. 'Argenteostriatus' mit weiß-grün, 'Aureovariegatus' mit gelb-grün gestreiftem Blatt. Für Herbstpflanzungen, Sonne oder Schatten verwenden. Das Gras wird etwa 30 cm groß.

Blattpflanzen

Buntnessel, *Solenostemon scutellarioides:* 'Carefree Mischung' bunte eichenförmige Blätter, 30 cm. Sorten in vielen Farben. Auch für den schattigen Standort geeignet. Wird bis zu 60 cm hoch.
Schwarznessel, *Perilla frutescens* 'Nankinensis': Dichtbuschig, glänzend schwarzbraun, 70 cm hoch wachsend. Auch als Küchengewürz verwendbar.
Silberblatt, *Senecio viravira:* Bizarre silbergraue Blätter, Wuchshöhe 50 cm.
Silberspitze, *Tanacetum ptarmiciflorum* 'Silberfeder': Feinste silbergraue Blattpflanze, die 20 cm klein bleibt.
Strohblume. *Helichrysum italicum:* Nadelförmig, silberweiß, nach Curry duftend, Blüte gelb, 60 cm hoch. *H. petiolare,* runde Blättchen, zinngrau, breit überhängend, 50 cm groß, die Sorte 'Limelight' zeichnet sich durch gelb-grüne Blättchen aus.
Weißbunte Wolfsmilch, *Euphorbia marginata,*

'Schnee vom Berg': Weiß-grünes Blatt. Darf nicht auf zu nährstoffreichem und feuchtem Boden stehen. Allein im Topf sehr wirkungsvoll. 50 cm hoch wachsend.
Wildgeranie, *Pelargonium tomentosum:* Weißwollige Blätter, Zitronenduft, überhängender Wuchs, 40 cm hoch wachsend. Es gibt viele Duftgeranien mit Zitronendurft: *P. crispum* 'Variegatum', weiß umrandete, stark gekräuselte Blätter, 70 cm groß.

Sommerblumen für den Halbschatten

Fleißiges Lieschen, *Impatiens walleriana:* Der Name spricht für sich!. Tipp: Verwenden Sie die gefüllte rote Sorte 'Victorian Rose' sowie 'Pink Swirl' mit zart rosa Blüten, leuchtend, von einem rosa Saum umrandet. Weiße Sorten hellen den Schatten auf!

Rankpflanzen

Chilenischer Jasmin, *Mandevilla laxa* (Syn.: *M. suaveolens*): Nicht winterharte Kübelpflanze. 300 cm lange Triebe.
Glockenrebe, *Cobaea scandens:* Überreich und lange blühende, einjährig kultivierte Pflanze. Blütenglocken nickend, violettblau oder grünweiß, 300 cm lange Triebe. Für sonnige Standorte. Leicht aus Samen zu ziehen.
Goldhopfen, *Humulus lupulus* 'Aureus': Gehölz für sonnige Standorte. Attraktive, fünffach gelappte, goldgelbe Hopfenblätter. Bis 300 cm hoch.
Klematis, *Clematis*-Sorten: Rankgehölz für Halbschatten. Schwachwüchsige Sorten z.B. 'Königskind', blau und *C. integrifolia* 'Durandii', stahlblau. Beide Sorten werden etwa 150 cm hoch. *C. macropetala* 'White Lady', nickend, gefüllte, weiße Blüten, wächst bis 250 cm in die Höhe.
Kletternde Kapuzinerkresse, *Tropaeolum peregrinum:* Blüten gelb, gefüllt, einjährig, 200 cm hoch.
Prunkwinde, *Ipomoea tricolor:* Große Trichterblüten am Vormittag. Die Blüten der Sorte 'Himmelblau' gleichen einem strahlend blauen Sommerhimmel. Die Blüten von 'Flying Saucers' zeigt sich weißblau gestreift. Leicht aus Samen zu ziehen, einjährig, 300 cm hoch.
Schwarzäugige Susanne, *Thunbergia alata:* 'Formula Mixture'; gelbe, orangene und weiße runde Blüten mit schwarzer Mitte. Leicht aus Samen zu ziehen, einjährig, 200 cm hoch.
Sternwinde, *Ipomoea lobata:* Bis zu 40 cm lange Blütentrauben, die sich von Rot über Orange zu Weiß verfärben. Für leichten Halbschatten. Einjährig, leicht aus Samen zu ziehen. 300 cm hoch.

Kräuter & Co.

Basilikum, *Ocimum basilicum:* Verschiedene Blattformen und Farben. Sehr auffallend die Sorte 'Opal', schwarzrotes Laub. Extrem wärmebedürftig, einjährig, Wuchshöhe: 60 cm.
Bergbohnenkraut, *Satureja montana:* Kleiner Busch, leicht überhängend, mit winzigen aromatischen Blättchen und weißen Blütchen. Sehr attraktiv. Staude, 40 cm hoch.
Dill, *Anethum graveolens:* 'Mariska', standfest, große gelbe Dolden, einjährig, 60 cm groß.
Erdbeere, *Fragaria × ananassa:* Die Hängeform 'Temptation' vereint Schmuck und Wohlgeschmack. Staude. 25 cm hoch.
Fenchel, *Foeniculum vulgare:* 'Atropurpureum', rotlaubig, fein ziesliert, gelbe Dolden im Hochsommer, kurzlebig, 80 cm groß.
Rosmarin, *Rosmarinus officinalis:* Bekanntes immergrünes Würz-Gehölz. 70 cm hoch. Verblüffend als blau blühendes Kugelbäumchen! *R. prostratus* 'Corsicus': Hängende Form des Rosmarin. 50 cm lange Triebe. Rosmarin kann bei Frost Schaden nehmen.

Zwiebel- und Knollenpflanzen

Gartendahlie, *Dahlia:* Dahlien mit geringer Wuchshöhe sollten Sie bevorzugt verwenden.
Hyazinthe, *Hyacinthus orientalis:* Schönheit und Duft machen sie wertvoll. Sorten: 'Blue Magic', tiefblau mit weiß. 'Woodstock' bordeauxrot, 20 cm hoch.
Knollenbegonie, *Begonia × tuberhybrida:* 50 cm hoch wachsend. 'Nonstop Apfelblüte' blüht weiß-rosa; 'Pin Up Flamme' gelb-rot, ungefüllt. 'Illumination Apricot' orangegelbe Girlandenbegonie.
Krokus, *Crocus:* Diverse Sorten. Krokusse füllen Lücken und passen oft noch in den Topf!
Lilie, *Lilium:* Blütezeit durch Sortenwahl von Juni bis September. Farbauswahl zwischen Weiß, Gelb, Orange, Rot oder Rosa. Höhe ab 40 cm bis 150 cm hoch.
Narzisse, *Narzissus:* Blütezeit durch Sortenauswahl von Februar bis Mai. Von absolut zierlich, wie 'Hawera', gelb, sehr klein, mehrblütig, 20 cm, bis 'Ice King', großblumig, gefüllt, weiß-gelb, etwa 40 cm hoch.
Nerine, *Nerine bowdenii:* Spektakulärer Herbstblüher. Bizarre Blüten, pink, 60 cm hoch wachsen.
Ranunkel, *Ranunculus asiaticus:* Gefüllte Blütenbälle, warme Farben, vorgetrieben ab März. 40 cm hoch.
Tulpe, *Tulipa:* Ein unendliches Thema: Finden Sie "Ihre Tulpe", die Ihre Pflanzenkompositionen besonders unterstreicht.

BEZUGSQUELLEN

Samen und Pflanzen

Abtei Neuburg
Stiftsweg 2
69118 Heidelberg-Ziegelhausen
(Efeu)

Michael von Allesch
Ackermannstr. 21
22087 Hamburg
(Kamelien)

Georg Arends
Monschaustr. 76
42369 Wuppertal
(Stauden)

Rudolf und Klara Baum
Scheffelrain 4
71229 Leonberg
(Fuchsien)

Ernst Benary
Postfach 1127
34331 Hann. Münden
(Samen)

Johannes Bornholdt
Lütt'n Feld 2
25486 Alveslohe
(Heidepflanzen)

Iris Diehl
Blumen und Garten
Ringstraße 1
67157 Wachenheim
(Töpfe, kreative Kombinationen)

Diener & Sohn
25764 Schülp
(Knollenbegonien)

Bambus Centrum
Wolfgang Eberts
Saarstr. 3-5
76532 Baden-Baden
(Bambus)

Gerhard Eggers
Kuhlenweg 2
25436 Tornesch-Ahrenlohe
(Heidepflanzen)

Peter Fischer
Höden 16
21789 Wingst
(Kamelien)

Dr. Ullrich Fischer
Waterloostr. 19
38106 Braunschweig
(Hosta)

Flora Frey GmbH & Co., KG.
Dellenfeld 25
42719 Solingen
(Samen)

H. Hachmann
Brunnenstr. 68
25355 Barmstedt
(Rhododendren,
Zwerggehölze)

Baumschule Georg Hatje
Prisdorfer Weg 14
25436 Tornesch-Ahrenlohe
(Heidepflanzen)

Firma Heinke
Eichholzstr. 2
44289 Dortmund 41
(Fuchsien)

Gärtnerei Hügin
Zähringer Str. 281
79101 Freiburg
(Einjährige und Stauden)

Ibero-Import
Bahnhofstr. 10
37249 Neu-Eichenberg
(Kübelpflanzen)

Irßlinger GmbH
Im Brühl 2
88605 Meßkirch-Igelswies
(Kübelpflanzen)

Samen Jansen
Postfach 300147
46383 Bocholt
(Sommerblumen usw.)

Kayser & Seibert
Wilhelm-Leuschner-Str. 85
64380 Roßdorf
(Stauden)

Kurt Kernstein
Am Kirchenfeld 8
86316 Friedberg 2
(Zwiebel- und
Knollengewächse)

Firma Koitzsch
Arheiliger Str. 16
64390 Erzhausen
(Kübelpflanzen)

W. Kordes´ Söhne
25365 Klein Offenseth
(Rosen)

Heidegarten Jürgen Krebs
27318 Hoyerhagen
(Heidepflanzen)

Manfred Meyer
Eckenheimer Landstr. 334
60435 Frankfurt/Main
(Samen)

N.L. Chrestensen
Erfurter Versandhaus
Samen und Pflanzen
Postfach 1000
99079 Erfurt

Baumschule Oberholz
Dackenheimer Str. 21
67251 Freinsheim
(Südländische Kübelpflanzen,
auch Solitär)

Wolfram Plügge
Weinbergstr. 8
19089 Crivitz/Schwerin
(Heidepflanzen)

Max Schleipfer
Sedlweg 71
86356 Neusäß
(Kübelpflanzen)

Lothar Seik
Postfach 1348
72003 Tübingen
(Samenraritäten)

Rosen-Tantau
Tornescher Weg 13
25436 Uetersen
(Rosen)

Karl Wachter KG
Rollbarg 17
25482 Appen
(Wasserpflanzen)

Hermann Westermann
Baumschulenweg 2
29486 Bispingen-Borstel
(Heidepflanzen)

Richard Wiedemann
Ditzenbacher Str. 22
73312 Geislingen-Aufhausen
(Duftgeranien)

Rose Willner
Blumenstr. 22
68775 Ketsch
(Duftgeranien, Kräuter – kein Versand)

Günter Wollmer
Hauptstr. 49
24649 Fuhlendorf
(Heidepflanzen)

Reinhard Zillmer
Kirchweg 55
31600 Uchte
(Heidepflanzen)

Firma Zulauf AG
CH-5107 Schinzach-Dorf
(Bambus und Kübelpflanzen)

Gartenzubehör

Arte Giardino
Terrakotta Import GmbH
Kölner Str. 37
50226 Frechen
(Italienische Terrakotten)

Gartengalerie Murnau
Seidelstr. 25
82418 Murnau
(Gartenaccessoires, Möbel, Gartengeräte, Gefäße)

Atelier Hase – Tranelis
Söderweg 5
36364 Bad Salzschlirf
(Handgearbeitete frostharte Gartenkeramik)

GARPA Garten- & Parkeinrichtungen
Kirchwiese 1
21039 Escheburg
(Kübel, Möbel, Spaliere)

Baumschule Huben
Schriesheimer Fußweg 7
68526 Ladenburg
(Gefäße aus Süd und Ost, Gehölze, Stauden)

Palatina Keramik
Hauptstr. 51
67229 Großkarlbach
(Winterfeste Terrakotta)

potart
Galerie und Versand
Wedeler Landstr. 98
22559 Hamburg
(Englische Gartenkeramik – Whichford Pottery)

ANHANG

Die Bildmotive für das Buch habe ich bei verschiedenen Freunden des Blumentopfes gefunden und fotografiert. Und zwar bei:
Birgit und Patrick Holoch, Freinsheim (Deutschland): Titel, 4, 53, 121.
Gertrud Bölsterli, Windisch (Schweiz): 1, 127, 145.
Dr. Regula Schneider, Mauss (Schweiz): 2/3
Ewald Hügin, Freiburg (Deutschland): 7, 58, 70, 72, 73, 74, 77, 78, 79, 81, 93, 115, 146, 148.
Lucille Thomas, Battenberg (Deutschland): 7 unten.
Birgit Hagenburger und Erk Kanis, Großkarlbach (Deutschland): 8, 16, 17, 18, 19, 23, 25, 39, 46, 51, 57, 68, 71, 80, 83, 84, 85, 89, 91, 92, 103, 104, 130, 147. Rückseite des Schutzumschlags.
Iris Diehl, Wachenheim (Deutschland): 9, 26, 27.
Ellen Fischer, Weisenheim (Deutschland): 10, 28, 36, 38, 41, 47, 48, 49, 50, 55, 56, 59, 63, 64, 65, 66, 99, 101,105, 106, 107, 111, 112, 113, 114, 116, 117, 120, 124, 125, 131, 132, 133, 134, 135, 136, 137, 138, 139, 140, 141, 142, 143, 149.
Baumschule Oberholz, Freinsheim (Deutschland): 20.
Unterwegs: 14, 21, 43, 61, 62, 69, 75, 98, 119, 122, 123, 128.
Baumschule Huben, Ladenburg (Deutschland): 24, 86, 87, 95, 102.
Loes Langendijk, Bergen NH (Niederlande): 29.
Jolanda Wackernagel, Basel (Schweiz): 30.
Weingut Gebrüder Meurer, Großkarlbach (Deutschland): 31, 82, 96.
Weingut Bürklin Wolff, Wachenheim (Deutschland): 32.
Veronika und Peter Barthel: 34, 35, 37.
Sieglinde Nielsen, Bolanden (Deutschland): 42.
Krista Grünberg: 44, 45.
Marion Bock, Klingenmünster (Deutschland): 52, 60.
Barbara Kohler, Mannheim (Deutschland): 67.
Gärtnerei Zeppelin, Laufen (Deutschland): 90.
Anja Maubach, Wuppertal (Deutschland): 97, 108, 109, 118.
Christel Mayer, Rockenhausen (Deutschland): 100.
Sitje Sturmann, Bergen NH (Niederlande): 126.
Ute Smiths, Wachenheim (Deutschland): 129.

REGISTER

Bildernachweis

Alle Bilder stammen von der Autorin bis auf:

Seite 11: Töpfer. Grabbeigabe aus dem alten Reich, 6. Dynastie um 2200 v.Chr. (Orig.: Chicago, Oriental Institute). Bildarchiv Preußischer Kulturbesitz, Berlin.

Seite 13: Allegorie des Geruchssinns. Jan Brueghel d. Ä., 1617 (Orig.: Madrid, Museo del Prado). Foto: Joseph Martin. Bildarchiv Preußischer Kulturbesitz, Berlin.

Die Deutsche Bibliothek – CIP-Einheitsaufnahme

Fischer, Ellen:
Inspirationen für den Topfgarten / Ellen Fischer. – Stuttgart (Hohenheim) : Ulmer, 2001
ISBN 3-8001-6676-3

Wollgrasweg 41, 70599 Stuttgart (Hohenheim)
E-Mail: info@ulmer.de
Internet: www.ulmer.de
Lektorat: Hermine Tasche, Birgit Fiebiger
Herstellung: Gabriele Wieczorek
Printed in Germany
Druck: Aprinta, Wemding
Bindung: Monheim

ISBN 3-8001-6676-3